EL CANTARE

エル・カンターレ
人生の疑問・悩みに答える
幸せな家庭をつくるために

RYUHO OKAWA
大川隆法

まえがき

若い頃は、大講演会、セミナー、研修会などで一時間ぐらい説法した後、さらに、会場で一時間程度の入場者との質疑応答をやっていた。

講演のほうは書籍になったり、CD、DVDでも売り出しているが、QAのほうは、個人的なものも多く、バラつきが多かったので、未公表のままにしていたものが少なくない。

今回、QA集を夫婦関係、妊娠・出産、子育て、家族の調和や相続・供養《くよう》にかかわる四章にまとめてみた。

一万人の会場に、会員は二～三千人で、あとは一般の方々が来ているケースも多く、なかには他教団から送り込まれ、朝早く並んで前列に席を取り、私が答えられないと思う質問をしかけてくる場合もあった。

全問事前に質問案などなく、その場で即答した内容である。未熟ではあっても、初心者には分かりやすい点も多かろう。

二〇二一年　一月三十一日

幸福《こうふく》の科学《かがく》グループ創始者兼総裁《そうししゃけんそうさい》　大川隆法《おおかわりゅうほう》

エル・カンターレ 人生の疑問・悩みに答える　幸せな家庭をつくるために　目次

第1章　幸せな夫婦《ふうふ》関係へのヒント

第2章　妊娠《にんしん》・出産と親子のスピリチュアルな縁《えん》

第3章　親子で成長する子育てアドバイス

第4章　家族調和のための相続・供養《くよう》への対処法

第1章

幸せな夫婦《ふうふ》関係へのヒント

1　結婚《けっこん》相手を選ぶときのポイントについて

Q1

今、独身の男女が増えていると思うのですが、これから結婚《けっこん》する若い男女に対し、結婚相手を選ぶときのポイントについて教えていただければと思います。

復習セミナー 第四回

一九八九年二月八日 東京都・幸福の科学研修ホール（西荻窪《にしおぎくぼ》）にて

「理想」や「生きがい」が一致《いっち》するか

「実際、どういうふうに選んだらいいのか」と言われても分かりにくいのですが、「標準的に言っておいてよい」と思われることが幾《いく》つかあるので、それを言っておきたいと思います。

やはり「顔」ではないのです。「顔ではなくて心だけ」ではないですが、「理想が一致《いっち》する」ということは極《きわ》めて大事なことだと思います。「理想」という言葉は分かりにくいかもしれないけれども、「生きがい」と感じることですね。

自分がいちばん生きがいと感じるものは何か。あなたならあなたが、自分の生きがいと感じるもの、「これをやっていたら、いちばんうれしい、楽しい。いちばん喜ぶ」というようなものが何かを考えたときに、やはり、そこの部分で共通項《こう》のある人がいちばんいいのです。

ここのところは大事です。ここのところがまったく離《はな》れていて結婚した場合には苦しいのです。

例えば、幸福の科学の会員のみなさんは、だいたいそうでしょうけれども、かなり理想家肌《はだ》のところがあるし、霊的《れいてき》なところもそうとうあると思います。

ただ、そういう方で、それはそれで勉強としては分かっているのだけれども、現実には、目のほうは美人に向いていき、ファッションモデルを見ると目がチラチラチラチラと、パッと動くタイプであって、そのまま「エイヤー！」と押《お》しまくって結婚した場合、どうなるかというと、やはり、あとはつらいことになるでしょう。

ですから、第一には、「理想」あるいは「生きがい」というものが共通している相手を選ぶことです。

夫婦《ふうふ》であって、こうした真理の話ができないなんて、極めてつらいだろうと思います。本当はこちらに魂《たましい》が惹《ひ》かれているのに、お互《たが》いによそよそしく、「全然別だ」という感じでやるのは極めてつらいので、ここの部分を第一に選ばれたらいいと思います。

男性は「その女性の素質をどう見るか」が大事

二番目の考え方ですが、もちろん、これはその人その人のケース・バイ・ケースなので、一概《いちがい》に言うのは極めて難しいのですが、男性から見て女性を選ぶ際に大事なのは、やはり「素質」だと思うのです。その方の素質をどう見るか。

男性にとって結婚が大事だと思われるのは、「一人の女性を変えていく」ということを体験するからだと思います。

その際に、「現時点では完全に理想の相手ではなくても、素質、素材として変えていけるタイプの方かどうか」ということが極めて大きいと思うのです。

変えようがないタイプの方もいらっしゃると思うので、その場合には、やはり諦《あきら》めるべきでしょう。まったく自分の範疇《はんちゅう》にないタイプで、「これはもう無理だ」という方は別ですが、「現時点では理想ではないかもしれないけれども、変えていけば、教育の余地があって自分の考えのところまで持っていける」というなら、ある程度いいでしょう。

女性は「男性からどう扱《あつか》われたいのか」を考えるとよい

女性から見る場合、男性をどう見るかということですが、このときに大事なのは、やはり次のようなことです。

女性の場合はどうしても受け身的、受動的になってくるので、「あなたが相手に何を欲《ほっ》しているのか」ということが極めて大きくなっていくでしょう。

先ほど、「理想」という一般論《いっぱんろん》の話をしましたが、「具体的に、自分はどう扱《あつか》われたいのか。その男性にその余地があるのかどうか」ということの判定になります。

例えば、一つ選ぶとするならば、どういうふうに扱われたいのか。例えば、「優《やさ》しくされたい」ということをいちばんに取るとする。とにかく優

しく扱ってほしい。おそらく、これがだいたい六割から七割ぐらいだと思います
けれども、そういう女性であるならば、まあ、基本的には〝私みたいな人〟と結婚すればいいわけです。〝宗教的傾向《けいこう》のある人〟を選べば間違《まちが》いないのです。そういう人は「救いを求められる」とどうしても駄目《だめ》なので、「救いを求めると手を差し伸《の》べてくれるタイプ」であれば、相手としてはオッケーになるわけです。

しかし、〝極めて三次元的なタイプ〟というのもいるのです。逆に出るタイプもいますので、そういう反発し合うタイプと結婚すると不幸になってきます。

ところが、女性というのは、えてして、結婚というものを一つのステータスとして捉《とら》えていることが多いのです。そうすると、どういう相手を選ぶかというと、かえって自分につれない人とか、そっけない人、冷淡《れいたん》な人などに憧《あこが》れていく傾向があるのです。

これは実は、街灯《がいとう》に飛び込《こ》んでいく蛾《が》のようなもので、極めて不幸になる選択《せんたく》

なのですが、そう感じてしまうのです。

「結婚によって一つの地位ができる」と思うので、相手が冷淡だったりすると、「これは、彼が自分より高いステータスにいて、自分は相手にされていない」と考えるんですね。そうするとどうなるかというと、そういう人をこそ狙《ねら》いたくなるのです。そして、ぶつかっていきますが、運よく結婚できたとしても、そのあとは、旦那《だんな》さんは外に出っ放しで、家庭のことは全然構わないような家庭になるわけです（逆も真なり）。

それは自分が選んだ結果です。選択の結果、ステータスを上げようと思って頑張《がんば》ったところが、そうなってしまったのです。「全然、家には帰ってこないし、酒ばかり飲んでいるし、土日はゴルフしかしない」と、こういう旦那さんになってくるわけです。

ですから、選び方としては、あまりメンツを言わないで、「自分は具体的にどうしてほしいのか」をよく考えることです。優しさ志向の方であれば、宗教的性格を持っている人を選んだらだいたいいいと思いますし、冷たいのが好きな人は、またそれで結構かと思います。それを考えてください。

男性が女性を少しリードできるぐらいだと、落ち着きがいい

三番目に言っておきたいことですが、「やはり、できれば男性のほうが少しリードできるぐらいがいい」という感じはします。いろいろなケースを見てきて、「男性にとっても女性を多少リードできて、女性から見れば男性を少しは尊敬できる」という組み合わせが、やはりいちばん落ち着きがいいようです。あまり差がありすぎても不幸だし、逆転でも不幸です。

ですから、女性は、やはり少し男性を尊敬できるぐらいのところで選んでおけばいいし、男性ならば、少し自分がリードできるぐらいの方を選んでおけばいい

と思うのです。

長年、男女が結婚するときに年齢《ねんれい》の差があった理由もここにあると思います。現在は非常に縮まっていて二歳《さい》ぐらいしか差がないのですが、昔はもっと開《ひら》いていました。十歳ぐらい開いているのが当然だったのです。

実際には、男性より頭のいい女性はいくらでもいます。ですから、同年輩《どうねんぱい》で結婚すると男性は負けてしまうのですが、十歳ぐらい違うとどうなるかというと、やはり、そのキャリアの部分が「どうしても追い越《こ》せない部分」になります。社会的知性が十年間でつきますから、生まれつきの知性が低くても、社会的知性で埋《う》め合わせができるのです。

それはそうです。頭のいい女性はいくらでもいるけれども、十年間、実社会で鍛《きた》えられた男の社会的知性は、そう簡単には抜《ぬ》けません。読書をしたぐらいでは抜けないのです。この部分の圧倒《あっとう》的差があると、いつまでたってもこの部分が詰《つ》まらないので、それで何とかもっていけるわけです。

こういうことで、いわゆる「生まれつきのインテリジェンス」で見たら、女性のほうがいいか、あるいは同じぐらいの場合には、社会的実績などのキャリアの差が少しあったほうがいいのです。そうすると一定の距離《きょり》が取れて尊敬できるので、うまくいきやすいわけです。

会社で同僚《どうりょう》同士というか、新入社員同士や同級生同士でよく結婚しますけれども、こういう場合は、粗《あら》がいろいろ見えて、極めてまずいことが多いのです。このへんが、男性が少し年上で結婚してきた理由の一つだと思います。

ですから、何で測るかは極めて難しいのですが、女性にとっていちばん幸福な結婚は、やはり、「夫から何かを学べる。教えてもらえる」という関係が成り立つことだと思います。それは別に学校の勉強だけでなく、他のことでもいいのです。いろいろなことでいいのですが、「何かを教われる」ということであれば幸福だと思います。

というのも、職業婦人の場合にはいろいろと社会経験ができますが、たいていの方は家庭に入られます。そうすると外の経験が少ないので、「家のなかで何かを学べる。先生役がいる」ということは極めて大きなことであり、そういう人を選んでおくと長くうまくいくのです。こういうことです。

「夫婦《ふうふ》が同じ土俵《どひょう》で勝負をしない」ということが原則

また、現に結婚していて、女性のほうが意識が高いというか、収入が多い人もいるでしょうし、いろいろあるでしょう。「そうした場合はどうするか」という課題が一つあると思います。これは極めて難しい問題なのですが、そういうこともあるのです。

どうするかということですが、男性はまず、「夫婦《ふうふ》の場合、同じ土俵《どひょう》で勝負をしない」ということが原則です。あまり同じ土俵で競《きそ》い合うと破滅《はめつ》的になっていきますから、女房《にょうぼう》とは違うところで競うことです。これは大事で、その「違うところ」というのは、向こうが入り込む余地のないところを選ぶのです。それが精神安定に極めていいだろうと思います。

女性には苦手《にがて》な分野が必ずあるのです。必ずあるので、同じ分野であったら負けてしまう場合には、違う分野で圧倒的な差をつけるのです。その女性が絶対に入ってこられない部分ですね。これはあるのです。必ずありますから、発見してみてください。

いいですか。男女とも趣味《しゅみ》が一緒《いっしょ》なのはいいのですが、同じ領域でずっとやったり、同じ仕事をずっとやったりしているというのは、極めて苦しい部分もあるのです。

学者同士の結婚でも、奥《おく》さんのほうがよくできるなんていうことがあります。

これは分野が違えばいいけれども、同じ分野の場合には悲劇的になってきます。

アメリカの経済学者にも、そんな人がいました。奥さんのほうが有名なんですね。「奥さんのほうが極めて有名で、旦那さんはそれほどではなかった」という人もいるのですが、分野が違えばいいけれども、同じだと苦しいわけです。

そういう旦那さんは、どうか奥さんの特技のところを潰《つぶ》そうとしないようにしてください。潰しにかかったりしたら駄目ですよ。奥さんにそれをやらせないようにして、一生懸命《いっしょうけんめい》、足を引っ張るよりは、向こうが入ってくる余地の全然ない分野を開拓《かいたく》する。そして、三年ぐらいかけて一芸に秀《ひい》でる。絶対にこれです。これをやらないと苦しいのです。

夫婦で幸福の科学の信者をしていても、奥さんのほうがよく勉強ができる人はいると思います。たぶん頭がいいのだろうと思いますが、男はあえてそれには目をつぶって、ほかの領域でやらなければ駄目です。〝行動力で稼《かせ》ぐ〟など、いろいろあるのです。〝封《ふう》じ込める〟ための方法はいろいろあるので、それはやるべきです。

ですから、まったく同じところで競い合って、潰し合う関係だけはやめてください。

必ず全然違うところで、相手の女性ができないところでやってください。それがあると自尊心の維持《いじ》ができますし、奥さんにも一定の距離が取れます。

奥さんのほうは、徹底《てってい》的に旦那をやっつけてしまおうと思わないことです。これは努力してください。「『あなたは駄目だ』ということを徹底的に実証するところまでやりたい」という気持ちだけは、なるべく持たないようにしていただきたいのです。

そういうことが大まかなところですが、基本的なことは、「理想はなるべく一致する」ということ、それから、「女性が男性から少しは何かを教われるような関係が、やはり長持ちする」ということです。そのあたりを目処《めど》にしてください。

2 結婚《けっこん》で迷う人へのアドバイス

Q2

知人が、結婚《けっこん》という大きな関門を前にして苦悩《くのう》しています。結婚について、現代の青年にどのようにアドバイスをすればよいでしょうか。

一九九〇年 第八回大講演会「永遠の今を生きる」
一九九〇年七月二十九日　愛知県・愛知県体育館にて

結婚で迷うのは苦しみではなく、選択眼《せんたくがん》が磨《みが》かれている

若い人が結婚で迷っているということですが、そんなのは当たり前のことですね。何億年とは言いませんけれども、ここ何千年、何万年、ずっと悩《なや》んできているのですから、当たり前のことです。

三十代の前半もいるでしょうが、特に中心は二十代でしょう。二十代でしょうけれども、これを迷っているということは、実は苦しみではないのです。実際は、「自分自身の選択眼《せんたくがん》」というものが磨《みが》かれているのです。

そこでいろいろなことを考えたり、悩んだり、「自分はああだ、こうだ」「自分の理想はこうだけど、この人はどうだろうか」といろいろ思うけれども決断がつかないで、あちらに心が揺《ゆ》れたりこちらに心が揺れたりします。そして、失敗したり、またやり直したり、いろいろあるわけですが、それは、まさしく今、そこで勉強しているところなのです。

二十代で必要なのは「理想を具体化する」こと

特に二十代ぐらいで必要なことは何かというと、十代はまだ純粋《じゅんすい》なる理想でよかったけれども、「この純粋なる理想を、二十歳《さい》から三十歳、あるいは三十代前半ぐらいまでの間で具体化していく」という修行《しゅぎょう》が待っているのです。十代ではまだ純粋な理想で止まっているけれども、二十歳からあと三十代前半ぐらいまでの間に、「理想を具体化する」という大きな魂《たましい》修行があるのです。

この「理想を具体化する」ということのなかには、一つには「職業の選択」がありります。あるいは「学校」というものがあります。もう一つ、大きなものとして「結婚」というものがあります。

このへんはみな「理想の具体化」の部分で、これで苦しまないほうが本当に幸福かというと、絶対にそんなことはないのです。この「理想の具体化」で苦しめば苦しむほど、「魂としての底力」が実は出てくるのです。これは大事な大事な時期なのです。これなしに、いきなり何の悩みもなくスーッと来た人の人生は、本当に平板《へいばん》に、平凡《へいぼん》に流れていきます。

智慧《ちえ》を使い、行動せよ。そして、駄目《だめ》だったら潔《いさぎよ》く受け入れよ

突《つ》き放した言い方になるかもしれないけれども、「ここのところで、今まさしく理想を具体化するための、日々の闘《たたか》いをやっているのだ。それを代わってくれる人は誰《だれ》もいないぞ」ということです。

職業にしてもそうです。学校だってそうですし、結婚だってそうです。親であっても代わってくれないのです。親友も代わってくれません。みな本人がやらなければいけないのです。

ちょうど一週間前、ここ（愛知県体育館）で相撲《すもう》をしていたけれども、土俵《どひょう》に上がるとき、力士はそれぞれ一人、孤独《こどく》です。けれども、代わりの人が相撲をしても意味がないのであって、自分でやらなければしかたがないのです。

同じように、結婚や就職や進学や卒業、このあたりのところは自分自身の問題

であり、まさしく代わってもらえません。「自分の代わりに横綱《よこづな》が出たら、相撲に勝てるかもしれない」と思うかもしれないけれども、横綱が代わりにやったところで、自分の相撲には絶対にならないのです。

ですから、そういうことを聞いても、あえて、「あなたは何を言っているのか。そんなのはみんなずっと繰《く》り返してきたことだぞ。理想を持つことぐらい誰でもできる。それを具体化するのが難しいんじゃないか。それを具体化するときにこそ、智慧《ちえ》を使わなければいけないし、行動力が必要なんじゃないか。じっと座《ざ》していて、『ああでもない、こうでもない』と悩んでいてどうするんだ。自分で考えて智慧を使え。智慧を使ったら、次は行動せよ」と言うことです。

行動した場合には、イエスかノーのどちらかしか出ないのです。行動しない人が、「ああでもない、こうでもない」とグルグル回っているのです。

自分で考えるだけ考えて、「これがいい」と思ったら行動することです。行動したら、結論は必ずどちらかになります。このどちらかになるのが怖《こわ》くて行動できず、あれこれと愚痴《ぐち》ったり、何だかんだ言ったりしているのが大半であると、私は思うのです。

自分の考えに責任を持ち、行動に責任を持つこと。そして、行動して、それで駄目《だめ》だったら、それをさっぱりとした気持ちで受け入れることもまた大事なことなのです。

「失敗したのはやり方が悪かった」「考え方が悪かった」「他人《ひと》が悪かった」「あれが悪かった」「信仰心《しんこうしん》がどうだった」「高級霊《こうきゅうれい》が応援《おうえん》しなかった」など、いろいろあるかもしれないけれども、そんなものは関係ないのです。

行動して駄目だったら、それを潔《いさぎよ》く受け止めることです。「自分の今の実力はこういうふうに判定されたのか」と、甘《あま》んじて受けることです。それで人間は、また一段と凄《すご》みが出てくるのです。迫力《はくりょく》が出てくるのです。それであって、また一段高いところに上がっていけるのです。

結婚する時期ではない場合には、「次の人生への準備」をすること

もう一つ、「時期」というものは確実にあります。

結婚にも時期があるのです。この時期を人間心であれこれと思っても、どうしようもないことがあるのです。

その人にとって、今、結婚する時期ではない場合には、したくてもどうしてもできないのです。それは、絶対にできないようになっているのです。した場合には、必ず後悔《こうかい》するようなことが起きます。すぐ離婚《りこん》になったり、いろいろな騒動《そうどう》が起きたりして、駄目になるようになっているのです。ですから、時期ではない場合には、努力しても努力は報《むく》われないことがあるのです。

そのときには、待つしかないのです。その一年、二年、三年は、ほかの人は待

ってくれないのです。自分が待つしかないのです。

「その待つ時間の間に、どれだけ自分は次なる人生への準備をしていくか」ということが非常に大事です。ただボーッと待つのではなくて、ずっと、次の人生への準備をしていくことが大事であるのです。

ですから、一言《ひとこと》その人に言ってあげてください。「甘えるな。もっと厳しいぞ。結婚は自分の問題だろう。他人《ひと》が決めてくれるというのだったら、責任はどこに行くんだ。どこにも行かないじゃないか」と。

自分で決めたからこそ、失敗したと思っても、あと我慢《がまん》して頑張《がんば》らなければいけないわけです。

これ以上言うとちょっと問題がありますけれども、そのように言ってください。

3　夫のほうが家庭向きの夫婦《ふうふ》へのアドバイス

Q3

三人目の子供が一カ月後に生まれる予定です。今は共働きが当たり前のような時代になっていますが、三人も子供が生まれると経済的にはなかなか苦しくなってきます。私たち夫婦《ふうふ》は、「どちらかというと私のほうが性格が強く、主人のほうが家庭向き」という関係なのですが、そういう夫婦関係であっても、「私は主人に尽《つ》くし、主人を信じてついていく。主人は私をグイグイ引っ張っていってくれる」というような夫婦でありたいと思っています。経済的な部分も含《ふく》めて、そういう理想的な夫婦関係をつくるには、どうしたらいいでしょうか。

一九九〇年 第四回大講演会「人生の再建」
一九九〇年五月二十日　広島県・広島サンプラザにて

魂修行《たましいしゅぎょう》として「女性が男性を養う場合」がある

男女は半々にいますけれども、通常は、「男性がリーダーシップをとる」ということのなかに、男性としての魂修行《しゅぎょう》があるのです。「責任を持って家庭を護《まも》り、働いて経済確立をする」ということ、これは男性の基本的な魂修行のスタイルなんですね。

ただ、ちょっと例外があります。男性のほうが弱くて、女性のほうが強いのです。どちらかというと男性を養うために生まれたような女性というのがいらっしゃいます。これは一つの変形だけれども、魂修行のかたちであることはあるのです。

これはどういうことかというと、男性があまりお金のほうに頓着《とんじゃく》がなくて、それ以外で才能を伸《の》ばしたいと思っている場合に、そういう女性がパートナーになることがあるのです。女性のほうが経済を見て、男性のほうは好きなことをする。芸術家的な魂とかには、そういう方はわりに多いのです。経済基盤《きばん》をつくれないので、自分の好きなことをします。趣味人《しゅみじん》もそうですね。そういう方は多いです。「こういう魂の組み合わせも、いちおうある」ということです。前提としては、そういうふうに理解してみてください。

あなた自身が「自分の本心」をきっちりと固めなければならない

あとは、「おたくのご家庭がどちらの分類に入っているか」ということですが、これは今のお言葉からいくと、だいたい想像はつくのです。

もし後者のほう、女性のほうがリーダーシップをとるような夫婦になっているなら、これは、たいていの場合、女性として非常に魂修行をしたくてしたくてしかたがなくて出てきているのです。普通《ふつう》の子育てだけでは満足ではなく、「社会生活もして、旦那《だんな》も食わせて、それでも十分やっていけるぐらいの生き方をしてみたい」と、こう思って来ている場合に、そういうふうに現れてきます。

ですから、「現実が理想的ではない」と言っても、あなた自身が実はそういうものを望んでいる可能性が非常にあるのです。そのため、あなた自身が「自分の本心」というものをきっちりと固めなければなりません。

「ご主人が働いて家庭を護る」ということが自分の本懐《ほんかい》だと思うなら、やはり、その方向で道を拓《ひら》いていくように努力すべきです。

ところが、逆に、男性だけに食べさせられるのは潔《いさぎよ》くなく感じて、どうしても働きたい女性もいるのです。それがあなたの本心であるならば、あなたの旦那様が弱々しくて頼《たよ》りなく見えても、それはあなたが願っていることの結果なのです。これについては、やはり、その結果を自分で受け入れる以外に手はありません。

このどちらかです。本則はそういうことです。
頑張《がんば》れば道は開けるのです。頑張ってください。

4　妻が家を留守にするのを嫌《いや》がる夫にどう対応するか

Q4　結婚《けっこん》してすぐに主人が単身赴任《ふにん》になり、子育てはほとんど私がしてきたのですが、こうした行事などで私が家を留守にすることを、主人がすごく嫌《いや》がります。アドバイスを頂ければ幸いです。

第一回主婦セミナー

一九八九年四月二十六日　東京都・幸福の科学研修ホール（西荻窪《にしおぎくぼ》）にて

まめにコミュニケーションを取り、「夫婦《ふうふ》の信頼《しんらい》関係」を築く

分かりました。要するに、ご主人は心配なわけですね。「妻がフラフラと遊んでいたら、何が起きるか分からない」と心配でしかたがなくて、家に置いておきたい。本当は単身赴任先に呼び寄せたいけれども、仕事の都合上《つごう》、呼び寄せるわけにもいかないし、しかし、遊ばせるのも悔《くや》しいし、ということで、両方を押《お》さえなければいけない状況《じょうきょう》ですね。

これは、やはり「夫婦《ふうふ》の信頼《しんらい》関係」の問題でしょう。どれほど信頼関係があるかの問題だと思うのです。

ですから、「まめにコミュニケーションを取る」というのがいちばんだと思います。電話なり手紙なりで、まめにコミュニケーションを取ることです。それで信頼関係をつくることですね。

手紙を出す、あるいは電話でもいいのですが、「この女房《にょうぼう》が浮気《うわき》をするはずがない」というふうな気持ちにさせないと、男性が不安になるのはやむをえないところはあるのです。

奥《おく》さんと子供を置いていくというのは、男として、やはりつらいのです。仕事を辞《や》めるわけにいかないし、非常につらい。単身赴任族は非常につらいので、それは分かってあげなければいけません。ですから、まめにやることです。

幸福の科学が原因でと言われても、私も非常につらいのですが、まず、「どの程度の信頼関係があるか」によって、あなたの行動の自由の範囲《はんい》は広がると思うのです。

これは一般《いっぱん》の仕事と一緒《いっしょ》です。会社で仕事をしていても、やはり自由にやらせてもらえる裁量の範囲は、その人の実力、実績しだいなのです。

実績のある人、今までダーッと仕事をうまくやってきたような人の場合には、上司が仕事を任せるときに、裁量の範囲がものすごく大きくなります。

しかし、ミスばかりしている人が「私に全部任せてください」と言っても、誰《だれ》が任せるでしょうか。心配ですね。運命共同体になって沈《しず》んでいきますから、「絶対に任せられない」と、目をクワッとして見ています。

それと一緒です。実績相応の自由の範囲が与《あた》えられるということです。ですから、あなたの実績が必要です。私の言える方法としては、もうコミュニケーションを密にすることしかありません。

「女性の友達を家へ連れてきて、夫に会わせておく」という努力も

それと、こういうところへ来ていることを、夫への不満とか当てつけのように絶対思われないように、これだけは努力してください。「自分に不満があって、あるいは家庭に不満があって、行っているのではないか」と思われるのがいちばんつらいと思うので、「そうではないのだ」ということですね。

もう一つの方法としては、お友達がいるかどうかは知りませんけれども、ご主人が知っているような女性ですね、既婚者《きこんしゃ》でもそうでなくてもいいのですが、「その人と一緒に行っている」という実績をつくることです。

ご主人は、土日などにはたまに帰ってくるでしょう。幸福の科学のお友達がいたら、そのようなときに家へ連れてきて遊んだりして、何かのときに会わせておくのです。「ああいう人と一緒に行っているのよ」と言っておくことで、ちゃんと説明がつくし、「証人がいる」ということで、ご主人は安心するでしょう。そういう努力も要《い》るかもしれません。

5 「娘《むすめ》が国際結婚《けっこん》をした」という親へのアドバイス

Q5 アメリカに留学していた娘《むすめ》が国際結婚《けっこん》をしました。今、サンフランシスコにいるのですが、日本で生活できるような状況《じょうきょう》だったら、なおうれしいと思っています。また、今後、幸福の科学の発展と同時に国際結婚も増えてくると思いますので、ぜひ、英語の幸福の科学の本を発刊していただけたら幸いです。

第一回主婦セミナー
一九八九年四月二十六日　東京都・幸福の科学研修ホール（西荻窪《にしおぎくぼ》）にて

海外留学をした女性なら、国際結婚に向いている

よかったですね。おめでとうございます。

もちろん、親としては「日本人と結婚してほしい」という気持ちもあるでしょうけれども、娘さんを留学させることについては許可したのでしょう。そういう娘さんなら、そのような方向に向いていると思います。

結局、海外留学をしていた娘さんが男性を選ぶのであれば、国際人でないと納《なっ》得《とく》しないでしょうし、日本に帰ってきても、そう簡単にピタッとくる相手はいないでしょう。やはり、自分と同じように留学ぐらいしている人でないと、たぶん気が済まないだろうと思います。そうとうアメリカナイズした考え方をしていて、日本人の普通《ふつう》の男性では気が済まないのです。

そうすると、選択《せんたく》のときに、またそうとう難しいことになるし、もしピタッと

くる人がいたとしても、そういう結婚相手は、たぶん、日本人であっても日本に居つかないような男性です。世界を飛び歩いているような男性だと思います。海外駐在《ちゅうざい》ばかり、十年も二十年もするような男性とくっつくので、結局、一緒《いっしょ》で、そんなに大きな違《ちが》いはないと思います。

ですから、彼の職業についても、「日本に来させないといけない」とあまり考えなくてもよいのではないでしょうか。向こうで幸せなら、それでもよいのではないですか。あなたのほうが遊びに行けばよいでしょう。

幸福の科学も海外に向けて活動を開始している

幸福の科学と連動して考えておられるけれども、そう考えられても構いません。私たちも日本だけに閉《と》じこもっているつもりはなく、海外に向けても活動を開始しています。世界各地に、当然、支部を開くつもりですし、アメリカなどでは、ニューヨークのほうでも人が集まっていますので、そんな娘さんが海外にいてくれたら、私のほうも非常に助かるのです。どうぞ、カリフォルニアでもどこでも、支部を開くときなどに助けてください。助かります。

書籍《しょせき》の英訳も順次行《おこな》っています。『太陽の法』（『The《ザ》 Laws《ローズ》 of《オブ》 the《ザ》 Sun《サン》』一九九〇年七月十日発刊）以降、今、順番に翻訳《ほんやく》にかかっています（編集注。二〇二三年八月時点では、世界百六十九カ国に信者がおり、アメリカには十一支部〔ニューヨーク、サンフランシスコ、ロサンゼルス等〕がある。また、著作は四十一言語に翻訳され、翻訳書籍は九百五十冊以上刊行している）。

ですから、非常にグローバルな動きになると思います。そういう時期に来ているので、もう遠慮《えんりょ》しないで、どんどん、アメリカなりどこなり飛行機で飛んでいって、私の海外講演会について回るぐらいの気力をつけてください。

日本なんて、小さい小さい。小さいです。こんなところに白人を連れてきて住まわせなくてもいいです。こちらが行ったらいいのです。里が広がったと思えばいいです。活動空間が広がったと思えばいいのです。そういうことです。

そういうわけで、幸福の科学は、今は真理の勉強ができている人が〝威張《いば》っていますけれども、今度は英語ができないと駄目《だめ》になるでしょうね。次は、『太陽の法』の試験が英語か何かであったり、「海外で伝道講師をするための資格試験だ」などと言って、英文和訳や和文英訳、英会話が入ってくるかもしれないですよ。そんなふうになるかもしれません。

ですから、海外にそういう人がいてくれるのは、私のほうは非常にうれしいので、「どんどんどんどん、頑張《がんば》れ」と言ってください。

6　夫婦《ふうふ》で信仰《しんこう》が異なるときの指針

Q6　夫婦《ふうふ》共に同じ信仰《しんこう》であればよいのですが、片方がまだそのような気持ちになっていなかったり、他の宗教を信じたりしている場合、家庭内では、どのようにしていけばよいでしょうか。

特別公開セミナー「宗教教育実践法《じっせんほう》」
一九九六年四月七日　神奈川《かながわ》県・横浜《よこはま》アリーナにて

段階を踏《ふ》んで、まずベーシックなところから伝える

これは、幸福の科学のような新しい宗教ではよくある話です。家族が同時に入信するということもあるでしょうけれども、〝時差〟があって一人だけが入る、

あるいはもう一人がほかの宗教をやっている、あるいは宗教に対する理解が全然ないというのは、あちこちで起きていることでもあろうと思いますので、みなさんにとって切実な問題かと思います。

そこで、私の考え方ですが、教え方には、やはり段階があると思うのです。段階があるので、「当会で教えている教義を、丸ごとストレートにそのまま伝えなければ納得《なっとく》できない」というところまで完全主義の方ですと、ギクシャクしてなかなか難しいかなと思うんですね。

人間には、やはり段階というか、遅《おそ》い早いがありますから、まだその時期が来ていない方もいるのです。その場合は無理かと思うので、多少、方便《ほうべん》で、段階というものを考えなければいけないのではないかなと思います。

子供たちに関して言えば、まだまだ基礎《きそ》学力が足りませんので、「当会の教えをストレートにそのまま」というのは無理があると思います。かなり難しいです。

私が教えていること自体は、一通り基本的な常識の部分、常識教育の終わった人向きの教育なのです。常識的なものをいちおう学校教育で勉強したとして、そのあとプラスアルファで必要なことを中心に言っているので、程度としてはかなり高く、子供にはストレートに入らないのです。

これを教えるには、勉強もしていただくと同時に、やはりお母さんがたで多少噛《か》み砕《くだ》いて、易しいレベルで伝える訓練が必要です。(注)

あと、夫婦のどちらかが違《ちが》う教えを信じている場合、あるいは宗教を信じていない場合でも同じようなところがあって、ストレートに右から左に、聴《き》いたことや本に書いてあることをそのまま言っても、やはり無理があるので、極《きわ》めてオーソドックスでベーシックなところから教えていただきたいのです。

幸福の科学の基本教義である「四正道《よんしょうどう》」を分かりやすく伝える

例えば、「四正道《よんしょうどう》（愛・知・反省・発展）」といっても、基本的に子供用に言えば、「愛の原理」というのは、「人に優《やさ》しく親切にしましょうね」ということでしょう。「そういう人が増えたら、世の中はよくなるのだ」という当たり前のことですね。これは子供でも理解できるし、大人でも理解できます。宗教を知らない大人でも理解できます。

また、現実にそれを実践してみせることです。そうすれば、口で言って分からないことでも分かります。

それから、「知の原理」といっても、「宗教というのは妄信《もうしん》・狂信《きょうしん》だ」というようなことで、先入観で拒絶《きょぜつ》感のある人は世の中にいっぱいいます。マスコミが宗教を拒絶するのも、だいたい「妄信・狂信」と思っているからで、「知識社会に反する」と思っている人も多いと思いますけれども、そうではなく、当会の場合は、学習や知識を非常に大事にしています。「学ぶことは力です。知は力です」ということを常々お教えしているので、そういうことをお話ししてもいいでしょう。

「宗教を信じているからといって、みな学校に適応しなくなったり社会生活に適応しなくなったりするとお考えなら、ちょっとそれは違います。宗教によっても違いがあるのです。当会の場合は、学校の勉強もできるようになるし、社会人になっても仕事がよくできる人になるような教え方をしていますから、全然問題はありません」ということを言っていただいてよいと思います。

「悪いことをしたら反省しましょう」という教えも道徳の基礎ですから、嚙み砕いていろいろなかたちで言えると思います。近所の子と喧嘩《けんか》をした、学校で喧嘩をした、あるいは夫婦で喧嘩をした場合でも、この「反省の原理」は、言葉でも実践でも示すことが可能です。

それから、「発展の原理」のところですが、宗教が一般《いっぱん》に日本等で嫌《きら》われているというか、あまり好かれていない理由は、「それを信じたら〝原始人〟になってしまうのではないか」という恐《おそ》れがあるからだと思います。古い宗教が多いですから、その作法《さほう》や様式を守ると現代生活に適応しないのです。

イスラム教は仏教やキリスト教よりも新しいのですが、それでも、一日五回もメッカのほうに向かってお祈《いの》りをしていると、社会生活としてはなかなかきついでしょう。営業で話をしているときに急にひざまずいて礼拝《れいはい》し始めたら、やはり困るは困るでしょう。そういう土地ならいいのですが、そうでない所では、やはり、みなびっくりしてしまいます。イスラム教徒のジェット機の機長が、その時間になったら操縦をやめて通路で礼拝し始めたら、ちょっと困りますよね。

そのように、現代生活として困るところがあるので、やはり宗教としては、ある程度、現代生活の阻害《そがい》をしないような行動様式を考える必要があるし、無理な部分については、ある程度、緩《ゆる》めないといけないでしょう。

食べ物だって、まあ、狂牛病の牛肉は食べなくていいと思いますけれども、「牛肉は食べてはいけない」「蚊《か》を殺してはいけない」など、あまり無茶を言ってタブーばかりつくっても、現代生活に向かない部分もあります。ある程度、宗教として古いものが足枷《あしかせ》になっている面もあるので、これについては、必要のないものはやはりできるだけリストラして消していって、最低限必要なものに絞《しぼ》り込《こ》んで、「未来社会に適合した宗教」にするべきだと私は思います。

当会の場合は、「発展の原理」のなかで「新しい時代に合ったイノベーションがどんどんあってよい」ということを常々教えています。これも、社会的に成功するのに全然問題がない考え方です。

このように、当会の基本原理というのは現代社会に非常にマッチした教えですので、それをあまり難しいかたちで丸ごと言うのではなく、分かりやすいかたちで言っていただければと思います。

家庭のなかでも、ご主人や奥《おく》さん、あるいはお子さんに、「この宗教を信じるか、信じないか」という踏《ふ》み絵だけで迫《せま》るのではなく、まず基本的なところから教えていって、時期が来たら、だんだんレベルを上げていけばよいと思うのです。

杓子《しゃくし》定規にするのではなく、柔軟《じゅうなん》に教えていく

世の中には、宗教を信じていなくても十分成功している方もいます。そういう人は、なかなかスッとは乗ってこないとは思います。

いちばん必要なのは、「今、この教えを教えてあげれば、悩《なや》んでいる人、苦しんでいる人がよくなる」というようなところに教えてあげることで、それが、やはりいちばん大事なのです。

そういう人には教えてあげて、教えなくても今はうまいことといっているような人だったら、時期を見て、折を見て教えてあげればよいでしょう。

優先度は、やはり多少変えてやったらよいのではないかと思います。

そういうことで、私は非常に「多様性」と「段階性」に富んだものの考え方をしておりますので、みなさんも杓子定規《しゃくしじょうぎ》にするのではなく、柔軟《じゅうなん》にお教えいただければよいかと思います。お子さんにも、やはり段階を踏んで教えたほうがよいと思います。

（注）現在は、幼児・児童向けの法話《ほうわ》も説いており、幸福の科学の絵本・児童書も六十冊以上刊行されている。また、教育事業として幸福の科学学園（中学校・高等学校）や仏法真理塾《ぶっぽうしんりじゅく》「サクセス№1《ナンバーワン》」等も展開している。

第2章

妊《にん》娠《しん》・出産と親子のスピリチュアルな縁《えん》

1　胎教《たいきょう》に意味はあるのか

Q1

私は育児の指導をしており、胎教《たいきょう》の重要性を訴《うった》えてきました。この胎教について、霊的《れいてき》な観点からお伺《うかが》いできればと思います。

関西特別セミナー「新時代の展望」
一九八九年二月四日　大阪《おおさか》府・大阪市立西区民センターにて

七カ月目ぐらいまでは絵本や音楽などに反応する

胎教の問題ですが、体に魂《たましい》が宿るのは三カ月目に入ったころですね。八週から九週に移るときに胎児に魂が宿ります。だいたい九週目にスポッと入ってきます。

そして、それからしばらくは「大人の意識」があります。

ですから、三カ月目、四カ月目あたりは、かなり大人に近い意識がありますし、考え方も、時折ものすごく大人びた考え方を出したりします。あるいは、それがちょっと子供っぽくなってみたりいろいろしますが、三、四、五カ月目ぐらいだと、わりに幼稚園児《ようちえんじ》から小学生ぐらいの考え方ができるのです。魂的に、そういうものを持っています。時折、非常に高い考え方を言ってみたり、ものすごく赤ちゃんのようになってみたりしますけれども、そういう考えが出ます。

それは七カ月目ぐらいまで続きますが、だんだん、五、六、七カ月ぐらいになってくると少しトーンが落ちてきて、低年齢層《ていねんれい》の三歳《さい》か四歳ぐらいの感じに近づいていきます。

また、この七カ月目ぐらいまでには、例えば絵本を読んだりいろいろすると、反応が非常にあります。絵本を読んであげたり、ＣＤをかけてあげたりすると反応があります。

それが、満八カ月目あたりになってくると変わってくるのです。ここになってくると、反応がだいぶなくなっていきます。そして、赤ちゃんの肉体と魂とが一体化するのです。そのため、もうほとんどブレなくなってくるのです。いつ出産してもいい状況《じょうきょう》になってくるんですね。

ですから、八カ月目を過ぎてから絵本を読んだりいろいろしても、反応がありません。八、九、十カ月と、全然反応がありません。

七カ月までは反応します。面白《おもしろ》ければものすごく反応してきますし、面白くなければそれなりの反応をします。子供も、やはり刺激《しげき》的な環境《かんきょう》などに置かれると、お腹《なか》のなかにいても、ものすごく嫌《いや》がります。

赤ちゃんはお腹《なか》のなかでどのようなことを考えているのか

例えば、三カ月ぐらいでミュージカルに連れていき、音が大きくなると胎児がものすごく反応して、嫌がってポーンと手も足も開くので、お母さんのお腹《なか》が盛り上がるということもあります。大きな音が出ると衝撃《しょうげき》を受けて、そういう拒否反応が明らかに出る場合もあるのです。

また、五カ月目ごろにお母さんが自転車に乗っていたら、「自転車痛い、自転車痛い」と言ってくる魂もいます。段を下りるときにガンガンと打つのが痛いらしく、「自転車に乗るのをやめてくれ」と言ってくる魂もいるのです。「自転車」というぐらいの単語は分かるんですね。

あるいは、同じく五カ月目ぐらいだと、「プールに泳ぎに行きたい」などという考えを持つことはできるのです。「プールに泳ぎに行きたい」とは言えないのですが、「プール、プクプク」とか（笑）、このくらいは言う魂もいます。五カ月のくせに生意気《なまいき》に言うんですね。「プールプクプク、プールプクプク」と言ってプールに行きたいんだというわけです。それで、連れていくと喜ぶのです。その解放感が伝わるのです。

そういうことで、三カ月から八カ月になるまでの間というのは、そうとう外部のことが伝わりますし、いろいろな本などを読んであげると影響《えいきょう》します。音楽も影響します。ずいぶんよく聞こえるようです。その後、満八カ月を過ぎてからはいつでも生まれてよい状態になるので、少し努力が虚《むな》しくなり、やっても無駄《むだ》に近くなってきます。

ただ、九カ月ぐらいでも、産婦人科でレントゲンを撮《と》って頭が上になっていたりしたときに、「頭こっちこっち。足こっちこっち」と言うと、クルッと回るというようなことはあります。それで、「回り終えたら足で蹴《け》ってみなさい」と言うと、上のほうをポンポンポンポンと蹴るのです。そのくらいはできる子もいます。

ですから、言っていることは分かるのです。そのくらいの意識はあります。頭と足をどちらにやるかとか、その程度は分かるのが実際のところです。

ですから、胎教というのは意味があると思います。

2 つわりがひどくなる霊的《れいてき》背景について

Q2

妊娠《にんしん》中につわりで苦しめられ、水も飲めないというようなこともあれば、全然つわりがなく生まれてくることもあると思います。それには、「親の意識と子供の意識の波長《はちょう》がどうか」というようなことが関係しているのでしょうか。どうして、つわりがひどい場合と、ひどくない場合があるのかをお教えいただければと思います。

また、私には子供が三人いますが、つわりがひどかったときの子供は、小さいときはとてもいい子だったのに、大きくなったら反抗《はんこう》して、「殺してやる」などと言われたこともありました。今はいちばんかわいいと感じる子なのですが、実は、中絶しようと思ったこともあったけれども産んだ子です。反抗してくる

のは、そうした「中絶しようか、どうしようか」と思ったことも関係している
のでしょうか。

復習セミナー　第七回「『卑弥呼《ひみこ》の霊言《れいげん》』講義」
一九八九年三月一日　東京都・幸福の科学研修ホール（西荻窪《にしおぎくぼ》）にて

母親と子供の意識レベルの差が激しいと、つわりも激しくなる

はい、分かりました。

以前にも講義で一度言いましたが、一般《いっぱん》的には、女性の子宮《しきゅう》というのは霊能を持っている器官なのです。

ですから、はっきり言って、女性は全員、霊媒《れいばい》体質なのです。霊能者です。女性というのは、例外なく全員、霊能者なのです。それは、「気がついているかどうか」という自覚的な霊能者ではないというだけのことで、霊能者なんですね。

子供の魂《たましい》が入って一年もいられるのですから、完全な霊媒体質です。

ただ、このときに「波長同通の法則」が当然ながら働きます。

「お母さんの波長」と「赤ちゃんとしての魂の波長」、これは違《ちが》います。地上にいる父親も母親も、それぞれ元いた霊界《れいかい》の村があります。その〝意識波長〟を持っているわけですが、これと違った世界から出てくる子供もいるわけですね。親と違う世界から出てくる。このときにブレが激しいと、一般的にはつわりがものすごくあります。

そうした、「もともとの霊層《れいそう》」ということもありますが、もう一つは、やはり「母親のそのときの意識」もあります。一生を通じて見たら、ものすごく調子のいいときもあるけれども、悪いときもあります。ものすごく悪いというか、グーッと下がっているところもある。こういう、「その時点でのお母さんの意識レベルと、子供の意識レベルとの差」があります。

これが、だいたい一次元ぐらいまでの差なら何とか収まるのですが、二次元以上違うと、かなり激しいつわりになります（注１）。そうとう激しくつわりになるのは、意識の差が激しいのです。入りにくいものに無理やり押《お》し込《こ》めようとしているので、ずいぶんズレがあるのです。そして、自分であって自分でないような状態が出てくるんですね。同じところに違うものが入っているので、このブレが激しくなるのです。それで、気分が悪くなったり、いろいろなことが起きるようになります。そういうことですね。

ですから、何人かいても子供によって違うのは、「その子供のいた世界が違う」ということです。あなたの波長と同じ世界から来た子供と、違う世界から来た子供がいるのです。

その反抗的なお子さんがどちらから来たかは分かりませんが、意外に偉《えら》い方かもしれませんよ。母親の波動《はどう》よりはるかに高い所から来て、入ろうと思っても入れなくて、もう苦しんで苦しんで入ったのかもしれません。そして、やがて反抗期に入って、母親から離《はな》れて見事に成長していくのかもしれません。あるいは、逆かもしれませんけれども。

ですから、激しく波長が合わないならば、自分自身の意識構造を見て、高いか低いかをよくよく考えてみて、自分が低い場合には、その子は高級霊の可能性があるし、自分が高いのにブレが大きい場合は、その子は低級霊の可能性があるわけです。「光の天使だけ産みたい」などという人もいるかもしれませんが、一般的には、二つぐらい次元が違うと、つわりはかなり激しくなり始めるということです。

また、医者に訊《き》くと、奥《おく》さんではなくて旦那《だんな》さんのほうの食べ物の好みが変わったり、酸《す》っぱいものが食べたくなったりすることがあるとのことです。想像妊娠というのか、よくは知らないのですが、逆のほうの、男性がつわりになることもあるそうです。何か知りませんが〝伝染《でんせん》〟してしまって、男のほうが苦しんだりすることもあるそうです。

親子関係にも現れる「過去の魂《たましい》のカルマの刈《か》り取り」

また、親子の関係の場合、たいていの場合は非常に縁《えん》の深い魂《たましい》が出ることが多いのですが、違った目的を持って出ることもあるんですね。親子の場合で、「親子相克《そうこく》の運命」のようなものが出てくることもあるのです。

それは過去世《かこぜ》において敵同士だったとか、憎《にく》み合っていた者同士が、魂の修行《しゅぎょう》のために親子で出てくることなどがあるのです。こういう場合に、非常に「魂の不調和」が起きることがあります。

例えばですが、娘《むすめ》さんなら、過去世において、あなたの恋敵《こいがたき》だったかもしれない。

逆に息子《むすこ》さんだと、過去世であなたが捨てた人かもしれないですね。袖《そで》にして捨てた人かもしれない。もしかしたら、過去世では、今のご主人と男性が二人いて、今の息子さんのほうをポイして、ご主人のほうの人と結婚《けっこん》したのかもしれません。

こういう人が、今度は子供として生まれてきたりして、多少いじわるをするようなこともないことはないのです。

そのように、「過去の魂のカルマの刈《か》り取り（注2）」というのは、いろいろなかたちで出てくることがあるんですね。

「横の関係」で夫婦《ふうふ》だとか恋人とか友人だったような人が、今度は「縦の関係」で出てきたりします。親子などで出てきたりして、順序が逆になったりいろいろするのですけれども、こういうこともあります。

あるいは、魂が反発し合うという感じではなく、かわいいのであれば、単なる反抗期かもしれません。それだったら、どこにでもあります。その場合、子供がもう少し年を取ってみないと分からないですね。反抗期を過ぎたら、おとなしくなるかもしれませんので。中絶したいと思ったから、今、復讐《ふくしゅう》されているということは、それほどないと思います。

そういうふうに、親子関係でもいろいろなものがありますから、あまり息子や娘にいじめられる場合には、「過去世で、もしかして悪いことをしたかな」と反省をしてください。そういうこともないとは言えません。

（注1）次元……霊界《れいかい》では、一人ひとりの信仰心《しんこうしん》や悟《さと》りの高さに応じて住む世界が分かれている。地球霊界では、九次元宇宙界以下、八次元如来界《にょらいかい》、七次元菩薩《ぼさつ》界《かい》、六次元光明界《こうみょうかい》、五次元善人界、四次元幽界《ゆうかい》まである。『永遠の法』（幸福の科学出版刊）等参照。

（注2）カルマの刈《か》り取り……カルマは仏教で言う「業《ごう》」のことで、過去世《かこぜ》の経験やこれまでの人生における思いと行いによってつくられた「魂《たましい》の傾向《けいこう》性」や「解決すべき人生課題」を指す。カルマは死んでも消えることはなく、次の転生《てんしょう》に持ち越《こ》される。

3 双子《ふたご》として生まれることの意味とは

Q3

私は一卵性《いちらんせい》の双子《ふたご》なのですが、魂的《たましいてき》に見ると、双子として生まれることにはどういう意味があるのかについて、ご説明いただければと思います。

心と瞑想《めいそう》セミナー 第四回
一九八九年四月二十二日 東京都・幸福の科学研修ホール（西荻窪《にしおぎくぼ》）にて

「魂修行《たましいしゅぎょう》を一緒《いっしょ》にやりたい」と約束してきている場合

はい。分かりました。二通りの場合があります。

一つは、「双子に生まれるべくして双子に生まれた場合」というのがあるんですね。双子に生まれるべくして双子に生まれた場合、これはどういうことかというと、魂《たましい》の修行《しゅぎょう》の過程において、「次回、生まれるときに、どうしてもその人と魂修行を一緒《いっしょ》にやりたい」という強い約束事が生まれることがあるのです。何らかの理由において、「次回、生まれるときは、必ずあなたと一緒にやりたい」ということを約束する場合があります。

まあ、言葉を選ばないといけないのですが、たいていの場合、こういうのは過《か》去世《こぜ》において、盃《さかずき》を酌《く》み交《か》わして「きょうだいの契《ちぎ》り」を結んだような、こういう過去世を持った人などに多いのです。「おまえとは、ずっと一心同体《いっしんどうたい》でやっていくぞ」というような、そんな約束をして、そして、強い友情で結ばれたような人が出てくることがあります。

この場合には、双子であっても、見ていて、霊格的《れいかく》に極《きわ》めて似た感じがしていると思います。魂が似ている感じがすることがあります。

「たまたま双子で生まれてくる場合」の二通りの生まれ方

もう一つの場合は、「双子であっても、成熟するにつれて全然性格が違《ちが》ってくるように見える」「まったく兄と弟が違う。明らかに違う。考え方においても気品においても、どうやら霊格もだいぶ違うように見える」という場合があります。

これはどういうことかというと、妊娠《にんしん》の段階において、通常は精子と卵子の結合は一対一ということになっているのですが、「たまたま、本当にたまたまの兼《か》ね合いで、一緒に、同時になってしまって、どうすることもできなかった」という〝生物学的な事情〟があることもあります。

この際に、どういうふうな生まれ方をするかというと、これも二通りありまして、一つは、「きょうだいで何人か生まれる予定になっていたのが、どうやら、たまたま二人で生まれられるらしい」ということで、慌《あわ》てて年代を変えずに生まれてくるという場合です。

それともう一つは、一人は〝正統派〟で生まれて、もう一人は、〝全然違う〟と言うのはちょっと問題があるかもしれませんけれども、「どうしても地上に生まれたくて割り込《こ》んでくる」ということがあるのです。

たいていの場合、生まれ変わりにもかなりうるさい基準があるのですけれども、〝急いでいる魂〟というものがあって、「どこかで空《あ》きがないか」と探しているんですね。ホテルの予約のようなものですけれども、「空きがないか」と言って探しているのがいて、「空きが一つ出た」というような情報が入ると、「もう、とにかく構わないから出たい」ということで、バーンと割り込んでくることがあります。こういう入り方をすることがあります。

この場合には、成長していくと、双子のきょうだいなのにずいぶん違ってきます。「なんでこんなに違うのか」というぐらい、違ってくるようになるのです。

顔つきが違ってきて、いろいろなところで、好みとかさまざまなものが違ってくるようになります。もともときょうだいになる予定であった場合は、ちょっと似てきますけれども、全然違う人が入ってきた場合は、そういうふうになります。

「生まれたくてしかたがない魂」が順番待ちをしている

このように、霊的に、必然的に、「どうしても、契りを結んでもう一回一緒に」という強い念いが現象化してきて双子になる場合と、たまたま生物学的に、例えば一卵性なら双生児《そうせいじ》になるような卵分割《らんぶんかつ》が始まって、そうした機会に乗じて、次の一人をどうするかという問題が出て、縁《えん》のあるきょうだいになる人が出てくる場合と、全然違う人がスポンと入ってくる場合とがあるということです。

そういうふうなかたちで双子は生まれます。

三つ子とか五つ子とか六つ子とかもありますが、このへんになってくると、もちろん、「きょうだいになる予定だった人が、全部ドサッと出てくる場合」がいちばんポピュラーだと思います。ドサッと出てくる場合です。

それと、「〝その他大勢〟がどさくさで出てくる場合」があります。「これは幸い」ということで、本当は子供の予定は二人ぐらいしかなかったのに、五人も六人も生まれられるなら〝空き〟がありますから、〝その他大勢〟がどさくさで出てきた場合とがあるのです。

空きを待っている人が多いのです。特に、現代では、「生まれたくてしかたがない魂」がそうとういるんですね。順番待ちがかなり溜《た》まっています。そうとう生まれ変わりたいので溜まっているし、たまたま地上に出てきても中絶されたりして、うまくいかないことも多いものですから、〝就職率〟といいますか、就職の「買い手市場《しじょう》」とか「売り手市場」とかがありますけれども、どちらかというと〝地上の買い手市場〟なのです。魂的には、向こう（あの世）のほうで出たい人が多いのです。

こんなことを言うと、「じゃあ、うちはなんで子供ができないのでしょうか」と言う人が出るでしょうけれども、今言ったように〝まとめて出るところ〟があるから、取られているのかもしれません。

そのようなことが、双子のだいたいの説明です。あなたがどれに当たるかはよく分かりませんが、その片方の顔をよく見て、性格を見て、魂をよく見て、どちらかを判定してみてください。

4　障害を持つ子供を育てる親の心構え

Q4

私たちは生まれ変わりのメカニズムというものを教えていただいておりますが、先天的に何か障害を持って生まれてきた子供がいる場合、その子の自己実現というものを、親としてどのように考えればよいでしょうか。

一九八九年　第四回講演会「究極の自己実現」
一九八九年七月八日　埼玉《さいたま》県・ソニックシティにて

自分が背負えない重荷は、人生計画のなかに予定していない

はい、分かりました。

二つあると思います。第一は、親自身の側での問題です。

少なくとも、そういうお子さんが生まれたということは、かなりの重荷を背負っていることは事実です。これは否定できません。障害を背負った方を子供に持つということは、そうとうなハンディであることは事実です。

ただ、これは過去、「ヘレン・ケラーの霊言《れいげん》」（『大川隆法霊言全集 第14巻』〔宗教法人幸福の科学刊〕所収）等を引用しながら何度も話をしたことがありますが、「ある意味においては、そういう人は選ばれた人である」ということは事実なのです。

普通《ふつう》の魂《たましい》は、環境《かんきょう》はそこそこのところで生まれてきます。「そのなかで魂修行《しゅぎょう》をせよ」と言われています。その魂修行はそう難しいものではありません。けれども、目に見えて大きなハンディがある人というのは、それだけの重荷を背負っているわけです。

しかし、各人がこの地上で魂修行をするときには、ある程度の人生計画を立ててくるということは事実です。そして、その計画のなかに、決して、自分が背負いかねるほどの重荷というのは予定していないのです。それだけの重荷があるということは、それだけの力があなたに、あるいはそうしたお子さんを持つ親に期待されているということです。十分にその重荷を跳《は》ね除《の》けて頑張《がんば》っていける、そして見事な人生を送れる、そういうことを計画してきています。

長い転生輪廻《てんしょうりんね》のなかには、みな、そうした身体的な問題に出遭《であ》うことは、一回や二回はあるのです。それがたまたま、今、回り合わせ、巡《めぐ》り合わせで来ているのです。

けれども、「これは大きなチャンスなのだ」と思っていただきたい。それだけのハンディを与《あた》えられて、しかも普通以上に生きられたら、それは魂にとって大きな喜びであるし、魂にとって大きな自信になります。

ですから、負けないで、「これはきっと、勇気を振《ふ》り絞《しぼ》るために、勇気をつけるために与えられた試練だ」と思って、積極的に解することです。

マイナスに考えたところで、よくなることは何一つありません。他人《ひと》の同情を受けるのが精一杯《せいいっぱい》です。そうしたものを受けてもしかたがないのです。

プラスに考えていくことです。「これを梃子《てこ》にして、魂を鍛《きた》えるぞ。足腰《あしこし》を鍛えるぞ。そして、自分はこんなことで他人様から同情を受けないで、もっともっと、『ああいう環境にあっても頑張っているな』と言われるだけのプラスを生み出してみせるぞ」という決意を持っていただきたいのです。

道は自然についていきます。

その決意、熱意につれて、決意、熱意の程度に応じた道が開けてきます。大きな道は、大きな熱意に比例して開けてきます。小さな熱意であれば、小さな道が開けてきます。

まず、それを信じてください。実際にそのとおりになります。

「自助・独立の精神」を養わせるなかで得たものが、宝物となる

もう一つは、お子さんの側の問題です。

どの程度の障害かは分かりかねますが、確かにそれは大変な試練であることは事実です。

ただ、私たちが知らねばならない前提があります。

親子は、肉体的には確かに似たような顔立ちをしたりしていますが、子供というのは親の所有物ではありません。その肉体に宿って修行をしている魂は、あくまでも独立した魂です。過去に何らかの縁生《えんしょう》があったことは事実でしょうが、少なくとも、みなさんの魂とは別な魂です。個性ある魂が宿っているのです。

その魂が、今そういう姿を持って修行をしているということは、これは尊い修行をしているのです。人間として、それほどの苦痛に耐《た》えながら生きていかねば

ならないという修行は、おそらくは、他の人の数百年、数千年に匹敵《ひってき》するような、大きな仕事だろうと思います。大きな修行だろうと思います。

どうか、そうしたお子さんが、勇気を持って挫《くじ》けずに生きていけるように、常に明るい心を持って生きていけるように、励《はげ》ましてあげてください。

そして、「あなたがたも、今、大いなる使命を受けているのだ。そうしたハンディを負って生きていくなかにも、勇気ある生き方はできる。他の人の参考になる生き方は必ずできるはずだ」と、そういう自覚を与えてあげることです。

障害の程度によって考え方は違《ちが》うと思いますが、大事なことは、決して、他人《たにん》の同情を求めるような人間に育てないことです。これは大事です。

「独立心」を持たせ、小さなことであっても自分でできることを教えていくこと、「独立心」、「自助努力の精神」というものを植え込《こ》むことです。

手がなければ、足で絵を描《か》く人もいます。口で絵を描く人だっています。いろいろなハンディを背負いながら頑張っている人もいます。

そのように、どのようなかたちからでも、「自助・独立の精神」を養わせること、これが大事です。そうして得たものだけが、その人の今生《こんじょう》の魂において、最善に光っている宝物となるのです。そうではなく、愚痴《ぐち》の人生や同情を受ける人生で終わったら、決して成功ではありません。

今、そういう大きな試練のなかにあるということは、それだけ魂がバネとして縮んでいるということですが、この縮んだバネは必ず、伸《の》びるときに強大な力を発揮するのです。パワーを発揮するのです。

地上において大きなハンディを持っている人というのは、ちょうどバネが圧力をかけられているのと一緒《いっしょ》なのです。圧力が弱ければ、バネは少ししか縮みません。強い圧力であれば、バネはいっぱいいっぱい縮みます。

それが地上を去ったときにどうなるか。縮んだバネは伸びます。この伸び方は、圧力のかけ方に比例します。今世《こんぜ》においてて大きなハンディのなかを生きた人ほど、来世《らいせ》において大きく伸びていきます。

それだけ魂が輝いているのです。力がついたのです。

それを信じることです。そして、決して後退しない生き方をしていくことです。

親子ともども、どうか建設的な生き方をしていただきたい。そう思います。

頑張ってください。（注）

（注）現在、幸福の科学では、「本来、障害児の魂《たましい》は健全であり、使命を持って生まれてきた天使である」という仏法真理《ぶっぽうしんり》に基《もと》づき、障害児とその周囲の人々を励《はげ》まし勇気づける、障害児支援《しえん》のボランティア運動「ユー・アー・エンゼル！（あなたは天使！）運動」を行《おこな》っている。

5　危機の時代に生まれてくる魂《たましい》について

Q5

これからいろいろな危機の時代が来るということで、今の子供たちやこれから生まれてくる赤ちゃんなどの魂《たましい》は、ある程度計画して生まれてきているのだと思うのですけれども、どういう魂の傾向性《けいこうせい》があるのでしょうか。
また、個人的な質問になりますけれども、十年後、私の息子《むすこ》はまだ小学生です。そのあたりの教育方針や心構えがあれば、お聞かせいただきたいと思います。

ノストラダムスの新予言セミナー「『ノストラダムスの新予言』講義」
一九八九年四月十六日　千葉県・浦安《うらやす》市文化会館にて

「危機の時代」を確信して生まれてくる人は五パーセントぐらい

「これから生まれてくる子供たちは、そういう運命を知らないのか」ということですが、「知らない」というのが本当のところです。こういう計画というのは、そんなに多くは漏《も》れないのです。

ですから、実在界（あの世）にいても、知らずに機嫌《きげん》よく暮らしている人はいっぱいいるんですね。実際はそのとおりなのです。四次元、五次元にいる人たちは機嫌よく過ごしていまして、それが八十五パーセントなのです。こういう人たちは知らずに生まれてきます。そういうことなんですね。

実際に知っている人たち、もちろん、そういう「危機の時代」を選んで生まれてくる人たちというのは、ある程度察知しています。しかし、そういう人たちでも、「自分はそうはならんだろう」と思っている人のほうが多いのも、また事実なんですね。「他人《ひと》はともかく、自分はそうはならんであろう」とは思っています。「神のご加護《かご》があるに違《ちが》いない」と思って機嫌よく生まれるのが、そのうちの半分ぐらいです。

残りの半分ぐらいは、「もしかしたら危ないかもしれないな」と思うけれども、「まあ、何とかなるんじゃないかな」と思って来ているということです。

みすみす、そういう不幸のなかに飛び込《こ》んでいこうと思う人は少ないということですね。ほとんどいない。みなさん、非常に光明《こうみょう》思想を持って生まれてくるのです。

結果はいろいろありますが、先のことは百パーセント分かっているわけではないのです。自分の人生の予定というのは、ある程度スケジュールを立ててくるけれども、もっと上の段階で環境《かんきょう》の変化が起きた場合には、このスケジュールは当然ながら変化するのです。ただ、それは、各人には必ずしも分かりません。その人の認識レベルまでしか分からないのです。

それともう一つは、人生計画を立てて、そして、地上に出てきて修行《しゅぎょう》していても、もっと大きな変更《へんこう》というものが出てくることがあるのです。

これは、現実の三次元生活をしているうちに、いろいろな要件が変わってきて、その人にふさわしい魂修行というものが変わってくることがあるのです。守《しゅ》護霊《ごれい》・指導霊（注）の力もそうとう働きます。そのように、魂修行の道筋《みちすじ》が変わってくることがあります。それは、いいほうに行く場合と悪いほうに行く場合と、両方があります。

そういうふうな「人生の修正」というものがあって、これは当然、予定はしているのです。ですから、百パーセントそのとおりになると思って出ている人は少なくて、多少修正されるとは思っています。

そのため、出てくるときに、「頼《たの》んだよ」と言って、ずいぶんお願いしていま

郵便はがき

料金受取人払郵便

赤坂局承認

8335

差出有効期間
2024年9月
30日まで
(切手不要)

1 0 7 - 8 7 9 0

112

東京都港区赤坂2丁目10－8
幸福の科学出版（株）
読者アンケート係 行

ご購読ありがとうございました。お手数ですが、今回ご購読いただいた書籍名をご記入ください。

書籍名

フリガナ お名前	男・女	歳
ご住所 〒 都道府県		
お電話（ ） —		
e-mail アドレス		
新刊案内等をお送りしてもよろしいですか？ [はい（DM・メール）・いいえ]		
ご職業	①会社員 ②経営者・役員 ③自営業 ④公務員 ⑤教員・研究者 ⑥主婦 ⑦学生 ⑧パート・アルバイト ⑨定年退職 ⑩他（ ）	

プレゼント＆読者アンケート

皆様のご感想をお待ちしております。本ハガキ、もしくは、
右記の二次元コードよりお答えいただいた方に、抽選で
幸福の科学出版の書籍・雑誌をプレゼント致します。
（発表は発送をもってかえさせていただきます。）

1 本書をどのようにお知りになりましたか？

2 本書をお読みになったご感想を、ご自由にお書きください。

3 今後読みたいテーマなどがありましたら、お書きください。

ご感想を匿名にて広告等に掲載させていただくことがございます。
ご記入いただきました個人情報については、同意なく他の目的で使用することはございません。

ご協力ありがとうございました！

す。頼まれても忘れる人が多いのですけれども、いちおう頼まれるわけです。もう三十年もしたら忘れたりすることもあるのですけれども、いちおう頼んで出てきます。ただ、その人が護《まも》れるかどうか、守護霊が護れるかどうか、指導霊が護れるかどうか、これは、その環境自体によってあるわけです。

ですから、全体的に、これから生まれてくる子供が百人いたとしたら、「危機の時代が来るだろう」と確信しているというか、かなりはっきり思っているのは五パーセントぐらい。そして、「ある程度あるかもしれないなあ」と思っているのが二十パーセントぐらい。

さらに、全体の残りのうちの、まあ、十パーセントから二十パーセントぐらいは全然知りませんけれども、それを外した残りの部分が、「噂《うわさ》には聞いたことがある」という無関心派です。全然知らないのは十パーセントから二十パーセントで、「本当にまったく知らない。何も知らない」という人です。噂にはちょっと聞いたことがある人はいます。そういうことですね。

ですから、情報というのは、必ずしもみんなが共有していません。それは地上でも一緒《いっしょ》です。同じことですね。

子供には「死後の世界」についてしっかりと教えること

それと、お子さんの教育方法ということですが、大きな運命といいますか、大きな流れというものについては、個人の力ではどうにもならないものは、やはりあると思います。ただ、先ほども話をしましたように、「その間《かん》をどういうふうに生きるか」ということは、まだまだ開拓《かいたく》の余地があります。

ですから、教えることの第一には、やはり、「人間の本当の姿」というものを、まず教える必要があります。

「人間の本当の姿というのは、永遠の生命を生きている、その姿である」ということ、そして、「永遠の生命のなかでよき生活をするためには、心の教えを守って生きていくことが大事だ」ということ、これを教える必要があります。

それと、もう一つは、幼い魂の場合は、こういう危機に対しては非常にナーバスになって、どうしたらいいか分からなくなって、逆に死に急いだりする人も出るかもしれません。「こういう危機が来るのなら、早めに死んじゃおう」と言って〝ドボンと飛び込む〟ような人も、なかにはこれから出てくると私は思います。「危ないから早めに死んでおく」などという人が出てくる、「自分の安心する死に方をする」などというのはたぶん出てきて、新聞に載《の》るようになってくると思いますけれども、そんなものではないということです。

もう一つは、「自殺した人は天国に行けない」ということをちゃんと教えておく必要があります。たとえどのような危機に置かれても、最善を尽《つ》くして生きることが人間に課せられた義務であって、自《みずか》ら命を絶ってこの地上という環境から逃《のが》れるということは、これは神の摂理《せつり》に反しているのだということを、しっかり教えておく必要があります。

極論《きょくろん》すれば、〝最後の瞬間《しゅんかん》まで南無阿弥陀仏《なむあみだぶつ》〟かもしれませんけれども、まあ、それは言わないとしても、最後まで朗《ほが》らかに生きていくように教える。そして、朗らかに生きた人は、地上を去ったあとも朗らかに生きることができるということですね。

似たような事例は、決してこんなことだけではなくて、過去の戦争、第二次大戦のときにもやはりあったわけでして、大勢死んでいます。そのなかでも、死んでもすぐに、あの世の元いた世界に還《かえ》ってきている人もいれば、いまだに戦争ということで戦場をさまよっている魂もいますし、神社仏閣《ぶっかく》でウロウロしている人もいます。「知らない」ということが、そういうことになっているのです。行き場所がないので分からないのです。

ですから、その後の世界について、しっかり教えておいてあげることです。こういう世界があるということ。そして、それは心の段階に応じた世界であるということ。かといって、死に急いでいいことは何もないということ。こういうことを教えておけば間違いないと思います。

まあ、気にしないで、幸福に生きていくように勧《すす》めてください。それがいちばんだと思います。

（注）守護霊《しゅごれい》・指導霊……人間の魂《たましい》は原則、「本体の霊が一名、分身の霊が五名」のグループによって形成されており、このうちの一人が守護霊として、この世に生まれた人間を天上界《てんじょうかい》から見守り、サポートしている。指導霊とは、地上に出た人間の最大関心事を専門に指導する霊のことで、本人の使命が大きく、どうしてもその実現が期待される場合につく。

6　危機の時代における子育ての心構え

Q6　「復活の時は今」（『無限の愛とは何か』〔幸福の科学出版刊〕所収）のなかで、「危機の時代が目前に迫《せま》っている」というようなことが書かれていましたが、私たちは母親としてどのような心構えを持ち、子供たちに対しては具体的にどのようなことを教えていったらよいのでしょうか。

北陸特別セミナー「『無限の愛とは何か』講義」
一九九二年十月十一日　富山県・新湊《しんみなと》市中央文化会館にて

「今から先、自分たちにできることは何か」を常に考える

時代というのは、今、もうすでに地上に命を持っている私たちが選べるもので

もないし、地域というものも選べるものではないんですね。すでに、そういう場所に、そういう時代に生きているわけですから、そういう時代に生まれてくる子供たちもまた、そういう運命を担《にな》って出てくるわけです。

ですから、選べないもの、もうすでに生じているものについて、あれこれと煩《わずら》うのは無駄《むだ》なことです。

大事なことは、「今から先、自分たちにできることは何か」ということを、常に考えることなんですね。

急にここから、キリスト教から仏教に変わるのですけれども、仏教の根本《こんぽん》というのは、結局、「宿命論《しゅくめいろん》」を否定したところにあるのです。

「宿命」で言いますと、もうどうしようもないところがあります。

仏教で言う「因果《いんが》の理法《りほう》」というのは何かというと、結局こういうことです。

「原因と結果が連鎖《れんさ》している」というのは、「その原因行為《こうい》をつくるのは、個人個人の心と行いなのだ」と、「そこからすべてができてくるのだ」ということで、宿命論みたいなものを、ある意味で切って捨てているのです。

大きな意味での宿命はもちろんありましょうけれども、「個人個人の自己責任でやれるからこそ、その結果についても享受《きょうじゅ》しなければいけなくなるのだ。天国・地獄《じごく》も出てくるのだ」と、そういうことですね。

ですから、もう考えて煩っても変えることができないものは諦《あきら》めましょう。しかし、今、私たちが考えることによってできることは、今日から一つでも、小さなものからでも始めていきましょう。

たとえ、今世《こんぜ》、実らなくても、よい種をまけば、必ずどこかでそれは実ることになっているのです。種をまいたときに、霊的《れいてき》にはもう、それは成長していくことになっているものなのです。

「永遠の生命」を信じて、現在ただいま、最高の子育てを

そういうことで、危機の時代は来ると思いますけれども、それを騒《さわ》ぎすぎたところでどうなるものでもありませんので、そのなかで、最善の、ベストの生き方をすることを選んでいくことです。

むしろ、そういう時代であるからこそ、「不動心《ふどうしん》」が大事であると思うのです。地震《じしん》で隣《となり》の国とか隣の県とかが大揺《おおゆ》れしていても、平然と書を読む。勉強をしていく。そういう気持ちが大事です。

船が沈没《ちんぼつ》しても、「『無限の愛とは何か』をあと○ページで読み終わるのになあ。もうちょっと、沈没するのは待ってくれないかなあ」と思いながら読むとかですね（笑）、もう少し精神修養をする必要があると思うのです。

「永遠の生命」というものを信じていれば、怖《こわ》いものは本当はないのです。

いちばん怖いのは何かというと、不本意な生き方、あるいは神様の心に違《たが》う生き方をしていることが怖いのであって、それに違わない生き方をしている以上は、全然怖いことはありません。

子供が小さければ、「将来、この子はどうなるか」ということもあろうと思いますけれども、そのときはそのときです。気にしないで、現在ただいま、最高の子育てをすることです。

それは、あなたの今世の実績にもなりますし、子供さんにとっても、現在ただいまが幸福であるということは、将来も幸福であるということ、要するに、あの世に還《かえ》っても幸福であるということを意味します。また、長生きすることができたら、その途中《とちゅう》も幸福だろうと思うのです。

ですから、悪いことが起きるからと言って、あまり右往左往《うおうさおう》する必要はないのです。

幸福の科学の会員であるということは、「大きな船」に乗っているのと一緒《いっしょ》なのです。大きな船に乗っているわけです。小さな船は転覆《てんぷく》しますが、大きな船は転覆しないのです。そういうつもりで、「大きな船にみんなで乗っているんだ」と思って、安心していてください。そういうことです。

沈《しず》んだと思ったら〝潜水艦《せんすいかん》〟に変わって、また動いていくかもしれません（笑）。そういうこともありますので、あまり気にしないで、毎日毎日、なすべきことをなしていくことが大事です。パニックになって、本来すべきことを投げ出すことのほうが、むしろ怖いですね。

そういうことですから、気にしないで淡々《たんたん》とやってください。当会の絵本『てんしのえほん「くさぶえのね」』（宗教法人幸福の科学刊）などを読んであげてください。

第3章

親子で成長する子育てアドバイス

1　どうすれば子供の能力を伸《の》ばせるか

Q1

私は、「子供の素晴《すば》らしい能力をどのように伸《の》ばしていったらいいか」ということを考えて過ごしてきました。大川隆法先生は子供の育成についてどのようにお考えになっているのか、お聞かせいただければと思います。

一九九〇年 第五回大講演会 第二部「人生の王道を語る」
一九九〇年六月三日　千葉県・幕張《まくはり》メッセにて

まずは親が「心の調和」をすること

はい。分かりました。簡潔な答えになると思いますが、お許しください。

第一点は、「子供」と言いましたけれども、やはり、出発点は「親」なんですね。親の影響《えいきょう》をいちばん受けるのが子供ですから、まず親から行かないかぎり、子供だけよくなるということはありえないことです。親がひどくて子供だけはいいというのは、なかなか難しいのです。やはり、影響を受けます。

ですから、まず、親のほうが「心の調和」をする必要があります。子供に対しては難しいことを教える必要はありません。心の調和をした親がその感化力でくるんでやれば、自然自然に、素直に、真理に沿った生き方をするようになってきます。

その心の調和を図《はか》る、いちばん大事なことは何であるかということですけれども、やはり、「愚痴《ぐち》」とか「不平不満」、それから「怒《いか》り」、また「人を恨《うら》む心」、「人に対して悪口を言う心・傷つける心」、こういうものを、親が子供の前では絶対に実践《じっせん》して見せないことです。

子供に対してもですが、例えば父親に対しても、母親に対しても、おじいさん、おばあさん、あるいはそれ以外の人に対しても、子供の前で、そうした、人間の心を曇《くも》らせるマイナスの感情を持った言葉を出さない、あるいはそうした行動というものを絶対にしないことです。

そして、子供に接するときには、「あたかも鏡を見ているがごとく、自分が映っているのだ」と思って、そうした「澄《す》んだ心」で接することが非常に大事です。これが第一点です。

幸福の科学の絵本で勉強をしたり読書会をしたりする

第二点ですが、お母さんと子供用の本を私が書きました。それは『しあわせってなあに』（幸福の科学出版刊）という題の絵本ですけれども、「お母さんと子どもたちのために…」という〝副題〟を付けました。おそらく、小学生ぐらいまでのお子さんでしたら、その内容で十分勉強ができると思います。

お母さん自身がよく勉強をされて、それを子供に分かるように教えていただいて、家庭のなかで読書会とか、そういうことをやっていただければ幸いであります。

2　小さな子供に教えるべき、いちばん大事なこと

Q2　「三つ子の魂百《たましい》まで」と申しますけれども、小さな子供たちには、どのようにして、幸福の科学で説かれている真理を教えていったらよいのでしょうか。

一九九〇年　第九回大講演会「大宇宙の悟《さと》り」
一九九〇年八月二十六日　千葉県・幕張《まくはり》メッセにて

思いやり深く、我慢《がまん》強い子になるような教育を

三歳《さい》児ぐらいのお子さんの対策ですけれども、子供は、難しいことはもちろん分かりません。

そこで、彼らに親が教えてあげるいちばん大事なことは何かというと、「自分中心のものの考え方」と「他の人に対して思いやり深く生きる」ということの違《ちが》いです。これをきちんと教えてあげることなのです。

あとの難しいことは要《い》らないですから、「それは、あなたのわがままですよ」と、「そういうことは、してはいけないことなのだ」ということを教えてあげて、そして、「こういうことが他の人の喜ぶことなのだ」ということを教えてあげることなんですね。

これは基本的なところなのですが、これを教えているかどうかで、大人になると大きく違ってくるのです。「自分中心型」になってくると〝取り込《こ》み型〟になるのですが、「他人《ひと》のために」と思うとだんだん〝与《あた》えていく性格〟になってきて、この差はものすごく開《ひら》いてくるのです。

基本的なところは、わりに幼少時のところにあるのです。ですから、三歳児ぐらいまででも、よく教育をしますと、「人々に笑顔を振《ふ》りまくことの喜び」みたいなものを悟るようになってきます。これは大事なことです。そして、自分の欲求に対して我慢《がまん》強い子になります。こうした教育をしてあげることです。

そのように、「大きな二つの道のどちらを選ぶか」ということを教えてあげることが、大事なことではないでしょうか。

これからあとが、いろいろな知識的な教育になってくるわけです。

3　親子で読書をすることの意義について

Q3　子供たちの読書力の低下は、日本のみならず先進国に共通のものだと言われています。また、日本の出版物は、数としては世界でも一、二と言われながら、子供たちにはとても読ませたくないような本が半分以上あるとも言われているようです。

そこで、親子読書についての考え方をお伺《うかが》いできればと思います。

一九八九年 第二回講演会「悟《さと》りの発見」
一九八九年三月十九日　福岡《ふくおか》県・九州厚生年金会館にて

書店では、「よく読んでほしい本」を多く並べてほしい

はい、分かりました。

去年（一九八八年）ですと、日本では、年間三万八千数百冊（二〇二一年現在倍増）の本が出ているんですね。総発行部数が十三億冊ちょっとで、返本が三十四パーセントあり、売上冊数は九億四千万部ぐらいでしょうか。そのくらいの部数で、そのうち大川隆法ブックスがだいたい数百万部ぐらいと、まあ、そういう数字が出ていまして、だいたい市場の十倍ぐらいの売れ行きを誇《ほこ》っております。これは宣伝です（笑）。

さて、「世の中にはよくない本が多い」ということですが、よい悪いは別として、本は年間三万八千冊も出されていて、一日百冊以上は出るのです。これは、やはり大変なことです。

もう少し古い時代であれば、真理の本を出したらもっと目立ったのですが、これだけ出されていて、一日に百冊以上も出ると、私が本を出してもなかなか目につかないのです。残念なかぎりです。

ですから、私もあなたに賛成でして、できたら〝くだらない本〟はもう出さないでほしいという気持ちは強いのです。

また、本屋もコーナーが限られていますから、置けないんですね。コーナーに置けず、それゆえに返本もずいぶんあります。

そういうことで、やはり一つは、書店などがもう少し勉強会をやるべきだと私は思うのです。単に、何でも並べる、取次店が言うとおりに並べるとか、「売れていればいい」というだけではなくて、日本の文化を上げるためにどういう本を置くのがよいか、もうちょっと勉強会を頻繁《ひんぱん》に持って、「よく読んでほしい本を、やはり、できるだけよいコーナーで、よく目につくところに多く並べる」という努力はできると思うのです。

ところが、現時点でやっているのは営業努力です。どれだけ売るか、売れる本を置くか。場所が限られていますので、よく売れる本を置かないと〝場所代〟が大変ですから、回転率を上げる努力ばかりしています。

もう少し「ユートピア価値」を、書籍《しょせき》を売る活動にも入れて、本屋さんには真理の勉強もしていただきたいのです。それで、例えば、本をだいたいA、B、Cぐらいに分けて、できるだけみなさんがよくなるような本をA、どちらとも言えないものをB、できるだけ売りたくはないが、よく売れるのでやむをえず売るものをCとするとか、こういうふうに努力してやっていただければ、世の中は変わると思います。

このなかには本屋さんもいると思いますけれども、そこについて、みなさんで、もう少し勉強会をやってもらえないかなという気持ちがあります。

「真理の幹《みき》になる部分」を家庭教育で学べるとよい

あと、親子読書についてですが、まことに結構なことです。真理というのは、子供のときに接していないとスッと入ってこないんですね。学校の勉強だけをして、社会で学んで大人になって、四十歳《さい》、五十歳で真理にいきなり触《ふ》れたといっても、「慣性《かんせい》の法則」というのがありまして、いきなり〝揺《ゆ》り戻《もど》し〟というのはきついのです。今までまったく関係のない世界を突《つ》っ走ってきて、いきなり真理の本に触れて急ブレーキを踏《ふ》んでも、新幹線と一緒《いっしょ》ですぐには止まらないのです。こういうことがあります。

できるならば、スタートラインから少しずつ知っているほうがよいのです。子供は難しいことは分からないけれども、「真理の本当の部分」といいますか、「幹《みき》になる部分」ですね、この部分を、もし家庭教育で教えられていたら大したものです。これで世の中はものすごく変わります。

その意味で、お母さんと子供の親子読書をやるのでしたら、ちょっと手前味噌《みそ》になって申し訳ないのですけれども、もちろん幸福の科学の本は推薦《すいせん》図書にしていただきたいのです。内容がちょっと難しいところは、もう少し噛《か》み砕《くだ》いて教えてあげたりしてもよいと思います。

実際、親子で日曜日に勉強会をしている人もいるようです。そのように、できるなら、家庭でもやっていただきたいのです。

子供が読んで分からないようなら、親が読んで分かった内容を毎日少しずつ話してあげるとか、そういうことでもよいと思います。字を読むだけではなくて、話をしてあげる。これも大事なことです。

あと、幸福の科学の活動方向として考えるならば、もちろん、子供対象の内容も、もっと出していかなければいけないと思っています。

まず「人生の大学院」部門からスタートしましたが、大学、高校、中学校、小学校と、レベルもだんだんにつくり、易しいものもやりたいので、絵本やマンガなども企画しています。(注)

とりあえず家庭では、内容が分かれば読書会をやってもよいですが、分からなければお話をしていただきたいのです。これでやってください。大いに推奨《すいしょう》いたします。

（注）現在は、幼児・児童向けの法話《ほうわ》も説いており、幸福の科学の絵本・児童書は六十冊以上刊行、アニメ映画も製作している。また、高等宗教研究機関ハッピー・サイエンス・ユニバーシティや幸福の科学学園（中学校・高等学校）、仏法《ぶっぽう》真理塾《しんりじゅく》「サクセス№.1《ナンバーワン》」等を開校し、託児《たくじ》型の宗教教育施設《しせつ》であるエンゼル精舎《しょうじゃ》も建立《こんりゅう》している。

4 女の子の教育に関する指針

Q4

女の子への教育における注意点について、霊的《れいてき》な観点からお教えください。

一九九〇年 第十一回大講演会「悟《さと》りに到《いた》る道」
一九九〇年十月七日　新潟《にいがた》県・長岡《ながおか》市厚生会館にて

女性は魂的《たましいてき》に「美」というものを持っている

はい、分かりました。
魂《たましい》として、生まれてくる前に、男女が分かれているという事実があるんですね。
これは、現代で女性問題についてどういう意見が出ているかは別にして、冷厳な事実として、生まれてくる前に魂として男女がはっきりと分かれています（説法《せっぽう》当時の見解）（注）。

そして、女性の魂は、生まれてくる前から、男性の魂とは少し違《ちが》ったところがあります。

どういうところが違うかといいますと、女性というのは、究極には、やはり、魂的に「美」というものを持っているのです。「美しさ」というものを持っています。「その美を引き出すにはどうしたらよいか」ということが、魂の主たる関心であるのです。

「美」を引き出すためにはどうすればよいか。そのために、いろいろな性質がここから出てくるんですね。属性が出てくるのです。

「美」を引き出すために、一つには、伝統的には、例えば女性の弱々しさのようなものもあったわけです。それから繊細《せんさい》な部分ですね。繊細なところ。感受性の強いところ。

それから、また逆に、信ずる力が非常に強いところ。これは、女性のほうが男性よりも強いのです。そして、信ずる力、信じている姿というのは、やはり美しいのです。信仰《しんこう》の姿というのは美しいのです。

このように、「美」というものを最大限に発揮するために、いろいろな魂の属性があるわけです。

「この世の学習効果」を信じ、子供の能力を素晴《すば》らしいものにする

そういう女の子として見事に育てていくためには、もちろん一律では終わらないんですね。それぞれの魂の計画があるので、それは一律には行けないのです。ですから、その傾向性《けいこうせい》をよく見極《みきわ》める必要があります。どういう女の子になるかは、父親か母親を見ればどちらかに似ているわけです。どちらにも似ない子は

鬼子《おにご》ですから、できるはずはありません。どちらかに似た子ができるのですから、生まれたらどちらに似ているかをよく見ることです。

そして、どちらかに似ている子であれば、「そういう素質であるけれども、どのように育てたら理想的な女性になるか」ということを考えるわけですね。そして、「その子の長所を最大限に伸《の》ばし、短所を最小限に抑《おさ》える」ということが大事です。

母親としては、自分が深く傷ついた経験があれば、その轍《てつ》を踏《ふ》まないように子供を導くということは、ご自分がいちばんよく知っていることでしょう。

また、間違えてお父さんのほうに似た場合には（笑）、例えば、「それでも嫁《よめ》に行けるような女の子にする場合にはどうしたらよいか」ということを考えて、「こういうふうに導けば、たぶん嫁に行けるのではないか」ということを考えることですね。

ただ、これはもう人の魂の数だけやり方があるので、私は一律には言えません。それが夫婦《ふうふ》の仕事になるし、夢になるし、理想になるだろうと思うのです。

「この世の学習効果」というのは、やはりあるのです。これを認めることです。もともとの魂の傾向とか霊格《れいかく》とかはいろいろとあるけれども、この世の学習効果は、やはりある。絶対にあります。もちろん、カラスがタカになることはないけれども、それでも、違いは出てくるということを信じて、そして、学習をさせることです。これは絶対に効果があります。

例えば、持って生まれた能力を六十点ぐらいだとすると、この六十点を百点にまでするのは難しいけれども、努力して八十点台ぐらいまで持っていくことは可能です。

やはり、それが親の手柄《てがら》だろうと思うのです。自分たちが生きて実社会に還元《かんげん》するとともに、後《のち》に出てくる者の持っている能力を最大限に発揮して素晴《すば》らしいものにしてあげることも、また社会への大きな務めだと思います。

その程度のことは可能であると思って、夫婦でよく話をして頑張《がんば》ってください。

それ以外に道はありません。

（注）その後の霊言《れいげん》や霊査《れいさ》によって、現代では、過去世《かこぜ》で男性だった魂《たましい》が女性に生まれたり、女性だった魂が男性に生まれたりするケースも多いことが分かってきた。それがＬＧＢＴ等の原因の一つとも見られており、転生輪廻《てんしょうりんね》にもさまざまな形態があることが判明している。また、八次元以上の高次元世界では、本来、男女の別はない。ただ、創造主の意に反して、この地上での男女差を完全になくしてしまうと、社会的混乱も生まれており、各宗教が対応しかねているのが現状である。

5 勉強で男子と競《きそ》っている娘《むすめ》への教育方針

Q5

高い教育を受けた女性に限って、男性と競《きそ》い合うような女性になりがちな傾向《けいこう》があるように思います。母として子供に高い教育をつけることは、女子としての生きる道を誤らせることになるのでしょうか。

今、私の娘《むすめ》は勉学に励《はげ》んでいて、中学校ではかなり男子と競っていくような子供なのですが、母として迷いが生じています。

一九九〇年 第三回大講演会「限りなく優《やさ》しくあれ」

一九九〇年四月二十二日 兵庫《ひょうご》県・神戸《こうべ》ポートアイランドホールにて

深く勉強したら、本当の女性らしさが出てくる

知識が浅い方向に流れていくとそういうふうになるのですが、深く入っていきますとそうならないんですね。優しくなるのです。ですから、よく物事を学んだ女性でも、非常に優しくなり、物腰《ものごし》も柔《やわ》らかくなります。

そうならないのなら、勉強の仕方が中途半端《ちゅうとはんぱ》なのです。勉強を中途半端な程度にしかやっていないのです。本当に深く勉強したら、勉強すれば勉強するほど、女性には本当の女性らしさが出てくるのです。中途半端な人がピラピラと見せびらかしをするのです。

剣道《けんどう》とか柔道《じゅうどう》、空手《からて》でもそうです。ちょっと習ったばかりあたりの人が見せたがります。そうでしょう？　だいたい二級とか一級とかそのあたりになると、ちょっと喧嘩《けんか》をしてみせたり、街のチンピラとやっても強いところを見せたりした

がるけれども、有段者になったらそういうことはやりません。見せもしませんし、感じさせもしません。そのようなものなのです。

ですから、それは勉強が足りないのです。

その勉強というのは何かというと、学校時代の勉強には、ある程度、枠組《わくぐ》みがありますから、そのなかで最高を目指すことが勉強でしょう。「ただ、それを出てからあとが大きく分かれますよ」ということを、私は言っておきたいんですね。「そうした知識的な訓練を積んだあと、どういう教養を、その後、積んでいくかが大きなことであって、その学校までのところで止まっているだけでは、そう大したものではありませんよ」ということです。

知の部分を伸《の》ばしたら、それ以外のところも一緒《いっしょ》に伸ばしていく

そして、「それからあと、どういう教養を身につけていくか」に関係するのは、

実は「その人の人生観の土台の部分」なのです。学校教育において、高校とか大学あたりで優秀《ゆうしゅう》かどうかということは、そういう人生観とはあまり関係がないのです。「勉強のレベルでは関係ないけれども、それからあとは大きく関係がありますよ」ということです。

それは、「しっかりした人生観、正しい人生観を持っている人は、ちょうど樹《じゅ》氷《ひょう》のように、枝に氷が付いていくように周りにいろいろなものが結晶《けっしょう》していくけれども、その正しい考え方ができない人は、そういうふうにはなっていきませんよ。成績では同じようになっても、その後は違《ちが》いますよ」ということです。

ですから、「勉強した女性がみなおかしくなる」ということはありえないことでして、勉強しても、やはり女性らしさは出せます。間違いないです。それは確信を持ってください。

知の部分を伸《の》ばしたら、それ以外のところも一緒《いっしょ》に伸ばしていくような教育をしっかりしてやることです。「『勉強ができるけれども、それ以外もできる』と言われるような女性にならなくては駄目《だめ》ですよ」ということをしっかり教えれば問題ありません。

ちなみに、天狗《てんぐ》にならない心掛《こころが》けは、本物の智者《ちしゃ》は常に謙虚《けんきょ》さを忘れないものだと考えておいてください。

6　子供にも悪霊《あくれい》の影響《えいきょう》はあるのか

Q6

今、子供たちに携《たずさ》わる仕事をしていますが、「自分のことさえよければいい」という気持ちや、不平、不満、愚痴《ぐち》、嫉《そね》みといったものが子供たちのなかにも非常に多く見られます。それにはいろいろな要因があると思いますが、子供たちにも大人と同じように霊的《れいてき》な影響《えいきょう》はあるのでしょうか。例えば、悪霊《あくれい》などが、大人と同じ原則で影響を与《あた》えるものなのでしょうか。そうした面からのアドバイスをお願いしたいと思います。

一九八九年 第八回講演会「無限の愛とは何か」

一九八九年十一月十二日　千葉県・東京ベイＮＫホールにて

原則は「物心《ものごころ》がつくころ」から、それ以前は「環境《かんきょう》の影響《えいきょう》」も受ける

はい、分かりました。

原則は、悪霊等の影響《えいきょう》を受け始めるのは「物心《ものごころ》がつくころ」からなのです。十歳《さい》前後あたりから物心がつきますけれども、そのころから、自分の「ものの考え方」「心のあり方」について責任を取らされるということなんですね。ですから、物心がつくあたりから、霊的な影響は受けやすくなってきます。これは「自分自身の中身」に基《もと》づいた影響です。

ただ、「家庭環境《かんきょう》そのもの」が、霊的に環境が非常に悪い場合、ご両親とも非常に心がすさんでいたり、家庭が非常に荒《あ》れ果てた状態、荒廃《こうはい》した状態になっていたりする場合、子供といえどもそこから逃《のが》れる術《すべ》はありませんから、そのあたりになりますと、幼稚園《ようちえん》や小学校の低学年でも影響は出てきます。

もっと言うと、赤ちゃんの段階からでも出てきます。どういうふうになるかというと、まず「夜泣き」をするところから始まります。夜泣きをする赤ちゃんがよく出るところは、ご両親に悪霊が憑《つ》いていることが多いと思ってください。赤ちゃんは霊的に非常に感じやすいものですから、〝分かる〟のです（生霊《いきりょう》の場合も多い）。

ですから、夜泣きをする場合には、夜中に「悪夢」というようなかたちで視《み》ているのです。霊的なものを視ていることが多くて、それで泣くようになりますから、あまり夜泣きがやまない場合には、夫婦《ふうふ》して「心に誤りがあるのではないかどうか」ということを、よくよく反省していただきたいのです。

あるいは、寝《ね》る前に私の講演のＣＤなどをかけるとか、『正心法語《しょうしんほうご》』（注１）というものがありますから、ああいうものを読むとか、祈《いの》りの経文《きょうもん》（『祈願文《きがんもん》』（注２））を読むとか、そういうふうにして心を鎮《しず》めて寝るとよいと思います。

「一般《いっぱん》原則は、物心がつく十歳あたりから」ですけれども、「それ以前は、環境によって影響を受ける場合がある」と、そういうふうに考えてください。

また、現在（本書発刊時点）では、エンゼル精舎《しょうじゃ》用に私が作詞・作曲した歌のCDなどもご利用くだされば幸いです。

（注１）正心法語《しょうしんほうご》……幸福の科学の三帰誓願者《さんきせいがんしゃ》に授与《じゅよ》される根本経典《こんぽんきょうてん》『仏説《ぶっせつ》・正心法語』。仏陀《ぶっだ》意識から降ろされた言魂《ことだま》で綴《つづ》られており、読誦《どくじゅ》することで天上界《てんじょうかい》とつながり、霊的《れいてき》な光が出てくる。大川隆法総裁が経文《きょうもん》を読誦しているＣＤも頒《はん》布《ぷ》されている。『仏説・正心法語』のなかに収められている経文「真理の言葉『正心法語』」は、入会者に授与される『入会版「正心法語」』にも収められている。

（注２）祈願文《きがんもん》……幸福の科学の三帰誓願者に授与される経文。『祈願文』の一部は、入会者に授与される『入会版「正心法語」』にも収められている。

第4章

家族調和のための相続・供養《くよう》への対処法

1　親孝行のために実家の跡《あと》を継《つ》ぐべきか

Q1　現在、私はある信仰《しんこう》を持っており、未熟な自分ではありますけれども、少しでも人のためになりたいと思い、東京のほうに出てきて活動を続けてまいりました。ただ、実家が農家をやっている都合上《つごう》、両親からは「すぐに帰ってこい」と言われています。そこで、真理を弘《ひろ》めることと、親孝行ということの関係についてお伺《うかが》いしたいと思います。

一九八七年　第四回講演会「悟《さと》りの原理」
一九八七年十月十日　東京都・小金井《こがねい》公会堂にて

あなたの可能性をどう自己判断するか

はい。これは、やはり、「可能性としては『これしかない』というものではない」ということは言えると思うのです。

親孝行というのも、どちらが親孝行か分からないのです。田舎《いなか》へ帰って農家の跡《あと》を継《つ》いでやることが親孝行かというと、それ以上の親孝行もあるんですね。あなたが立派になることによって、それがもっと大きな、彼らにとっての喜びになることもあるのです。ですから、そこに可能性が残っているわけです。その可能性をどういうふうに自己判断するかということです。

今、「ニューリーダー」などと言って、総理大臣を争っている人がいっぱいいますが（説法《せっぽう》当時）、彼らでもけっこう田舎から出てきた方でありましょう。ただ、青雲の志《こころざし》を抱《いだ》いて、「自分はいける」と思って出てきて、実現してきた方でしょう。例えば、そのなかに農家の方もいらしたかもしれません。それで、ご両親は、自分の息子《むすこ》が平凡《へいぼん》だと思っていれば、「家を継げばいい。それが幸せだし親孝行だ」と言ったかもしれないけれども、そういう器《うつわ》の人であるならば、やはり、そういう器なりの自己実現をしたほうが、本当にその人のためにもなって、本当の意味での親孝行にもなるのです。

結局は、あなた自身の自己確立の問題である

今の質問を聞くと、「ご両親のあなたを見る目」と「あなたのあなた自身を見る目」とがズレているというのが分かるのです。ご両親から見て、あなたがどう見ても、家を継ぐよりはそちらへ行ったほうがはるかに素晴《すば》らしい人生を生きて、「そのほうが自分たちの誇《ほこ》りになる」と思えば、そうは言わないはずです。ですから、そこに、あなたは多少、不信感を持たれているのです。現状を言えばそう

でしょう。そういうことなのです。

あなたが、例えば「しばらくしたら、これはもうニューリーダーになるに違《ちが》いない。あと二、三年したら、ニューリーダーになれるような人だ」というならば、ご両親は止めないですよね。「どうぞやってくれ。構わない。家土地がなくなるとも、田畑を売ればいいいんだ。土地はあの世に持って還《かえ》れないから」と言うかもしれない。

ところが、ご両親から見ていて、「これの理想はちょっと危ないな。もう帰しておいたほうが間違いない。帰しておいて跡を継がせておけば間違いない」というなら、そう言うかもしれないですね。

つまり、そこに信頼《しんらい》関係ができていないと、「あなた自身の自己確立が十分できていない」というのが見えるわけです。

ですから、あなたの自己実現が本当にご両親の孝行になるためには、あなた自身がもっともっと自己確立しなければ駄目《だめ》です。もっと立派な人間になって、「こういうふうにしたほうが、自分は世の中の役に立つ」ということが明らかに見えるようなあなたにならなければ駄目です。

そうでなければ、ご両親の言うことが正論。逆に、あなたが立派になれば、あなたの言うことが正論です。どちらでも道はあります。結局、そこは「自分自身の確立の問題」です。

家を継ぐことは、必ずしもそれは孝行ではありません。孝行の場合もあるし、そうではない場合もあるのです。能力のある人が単に親と同じ職業をすることが、必ずしも孝行とは言えない場合がある。そこはどうしても比較衡量《ひかくこうりょう》の問題があるわけですね。

ですから、自分の心のうずきを見て、「どうしてもこっちへ行きたい」と思えば、それなりの実績をあげ、それだけの実力をつける必要があります。それがあなたにとって、今、試《ため》されている期間だと思います。そういうことで、やってみてください。

ご両親は、あなたが本当に情熱を持って、そして可能性を持って生きているときには、たぶん反対されないと思いますよ。私はそう感じます。

なお、現時点（二〇二一年）では、コロナ感染《かんせん》のため、都市部への流入者が減っています。コロナ不況《ふきょう》がＵターン型ユートピアの時代をもたらす可能性もありましょう。

2 財産相続のトラブルについて

Q2

私が一歳《さい》のころに父が亡《な》くなると、母は舅《しゅうと》との仲が悪くなり、追い出されるようなかたちで実家に帰ってきました。母方のきょうだいは四人いるのですが、その財産は「すべて母に譲《ゆず》る」というかたちで母に任されました。ところが、今、きょうだいのなかの一人が、母から財産を取るようなかたちになり、母はもうすぐ家を追い出されることになっています。

これは憑依霊《ひょういれい》などの影響《えいきょう》でしょうか。それとも、「人生は一冊の問題集」ですから、そういう意味で各自が悟《さと》らなければならないことなのでしょうか。

一九九〇年 第五回大講演会 第二部「人生の王道を語る」
一九九〇年六月三日　千葉県・幕張《まくはり》メッセにて

「財産権の問題」では、人間の醜《みにく》いところが前面に出てくる

質問の最後で何とか仏法真理《ぶっぽうしんり》に関係づけられたようですけれども、「財産権の問題」というのは、いちばん、人間の醜《みにく》いところが前面に出てくるところなんですね。「それまで善人と見えた人が、お金の問題、財産の相続の問題になってくると、とたんに人が変わったようになる」ということがよくあります。

こうしたときに何がいちばん問題かというと、やはり大きな「執着《しゅうちゃく》」がそこにあるわけです。「この世の最高の価値は、財産のようなものにある」という考え方があって、通常ではないほどエスカレートしていくのです。非常に醜いです。

特に、血縁《けつえん》関係がある人ほどすごい関係になることが多いのです。他人《たにん》の場合には、ある程度、割り切ってやれるものでも、血縁関係があったりすると余計難しい問題があると思います。

この世的な解決の方法としては、やはり法律家を通じてやるのが正当で、その結論に対しては、服従《ふくじゅう》というか、そのとおりに受け入れるしかないと思います。それはこの世のやり方だと思います。

どういう結果になろうとも、それにこだわりすぎてはいけない

あと、仏法真理に適《かな》った観点からいくと、「どういう結果になろうとも、あまりそれにこだわりすぎてはいけない」というのが、私の考え方に近いのです。

むしろ、こういう財産のようなものに下手《へた》に執着しますと、その後の魂修行《たましいしゅぎょう》、あるいは人生の展開にとって、非常にマイナスになることが多いのです。

過去、「自分の伴侶《はんりょ》が死んだ」という不幸があったとしても、それはそれで一つの終わった事実であるのです。「もう一度ゼロからやり直して、そして新しい人生を生きていく」という生き方が、やはり大事ではないかと思います。

ですから、その相手のやり方が正当ではないと思うなら、それは弁護士を立てて徹底的《てってい》にやればいいと思いますが、「そうした言い分も成り立ちうる」と思うならば、「どこで自分は感情的にきっちりと示しをつけることができるか」を考えて、そこで線を引いてしまうことです。そして、線を引いたところで、やはり足ることを知るべきであるというふうに私は思います。

人生は至るところで「出発」に満ちているのです。「新しい出発」は毎年毎年あります。

あまりこだわりすぎると、両方とも地獄《じごく》になってしまいます。正義ということとは関係なく、両方とも地獄になってしまいますから、あまり心に波を立てずに穏《おだ》やかに話し合って、そして出た結論に対して納得《なっとく》をしたならば、もう長く引っ掛《か》からないことが大事です。

まあ、人生、お金ではないですから、心のほうまで害されてしまったら、とんでもないことです。ものすごくマイナスになりますから。お金といったって、何百億円、何千億円でもないでしょうから、そんなものにとらわれすぎたら大きな損になります。

ましてや、相手を憎《にく》んでしまったりしてずっと一生を送ったら、間違《まちが》いなくこれは〝心の倒産《とうさん》〟になりますから、〝破産〟になりますから、絶対にそれだけはやめなくてはいけません。淡々《たんたん》とすることです。

他人にお金を貸すときの鉄則とは

世の中には、他人にお金を貸しても返ってこないことはいくらでもあります。そのときに、恨《うら》む人が出てきます。

例えば、「あんなに『返す』と言ったのに、返してこない」とか、あるいは「あいつを信じていたのに」「友人だったのに」とか、いろいろありますけれども、お金を貸す場合は、「もう返ってこない」と思って貸しておいて間違いないのです。

返ってきたら、「ああ、珍《めずら》しいものが戻《もど》ってきたな」という気持ちでいて、人に貸すときには、「もうこれは行《い》ったきりになる」というぐらいの覚悟《かくご》で出しておくことです。そうすると執着が起きないし、葛藤《かっとう》も起きないのです。「自分があげてしまってもいいだけのお金を貸す」というのが鉄則ですね。

お金の問題というのは、もう本当に人間関係を目茶苦茶《めちゃくちゃ》にしていきますから、そこに対して執着を持ちすぎないで、非常に淡々としていることが大事です。「最悪の場合、なくなっても構わない」と思っておくことです。そうすると楽なもので、自分の生活範囲《はんい》だけ、どうやって確立するかをいつも考えておくことです。

以上ですけれども、やはり、この世的なことが多すぎるように思うので、専門家に頼《たの》んで、その結論に関してはあれこれ言わずに黙《だま》って受け入れて、あとは「自分の立て直し」をすることだと私は思います。

先回、五月に広島で「人生の再建」という講演を私はしましたけれども（『人生の王道を語る』『大川隆法　初期重要講演集　ベストセレクション④』所収〔共に幸福の科学出版刊〕）、あなたのお母様にとって大事な内容です。その講演のテープ（現在はＤＶＤ）が出ますから聴《き》いてください。おそらく役に立つと思います。

なお、財産については、多ければ相続人の数を減らすべく争いが起き、負債《ふさい》があれば、家庭や兄弟姉妹が団結するという皮肉な法則があることをご承知ください。

3　先祖供養《くよう》についての基本的な考え方

Q3

いろいろな宗教家や教祖たちの教えのなかには、「生きている人たちの役目として、先祖供養《くよう》をしなければ人間は幸せになれない。この世で幸福に生活できない」というようなことがよく言われています。すでに霊界《れいかい》に行かれた方々に対して、私たちのなすべきこととは何でしょうか。

幸福の科学発足《ほっそく》記念 第一回講演会「幸福の原理」
一九八七年三月八日　東京都・牛込《うしごめ》公会堂にて

自分がやったことに対する責任は自分が取らねばならない

まず、先祖たちで迷っているのは、これは子孫《しそん》の責任ではないということは大前提です。子孫の責任であるというのは、これは、「原因・結果の連鎖《れんさ》」からいくと、逆になっているわけです。「自分がつくった間違《まちが》いは、自分が晴らさなければ誰《だれ》もやってくれない」というのが原則なのです。これを、「作用・反作用の法則」「まいた種は刈《か》り取らねばならない」という言葉で言っているのです。

これはそうでして、「人間が修行《しゅぎょう》する上での一つの約束事」なのです。自分がやったことに対して自分自身が責任を取る。だからこそ、各人は自分の個性を自由自在に発揮できるのです。

自分がやったことに対して他人《ひと》が責任を取るなら、これは楽です。

私もいっぱいやりたいことはありますが、自分がやったことを他の人が責任を取ってくれるのであれば、これはやりやすいですね。やりたいことを考えつけば、いくらでもあります。一晩中考えても、まだ出てきそうです。

けれども、そうではないのです。この世でも、みなさんが自分の思ったとおりに何でもかんでもやれないのは、その責任は自分が取らねばならないからでしょう。責任が取れるかどうかをよく考えてみると、自分の行動にも、ある程度の規制というのはかかるわけです。

悟《さと》った人がやれば救えるが、悟っていない人だと一緒《いっしょ》に堕《お》ちる

そこで、先祖供養の問題に入っていきますけれども、「念の性質」というものがあります。

「あの世」と「この世」というのは、念の性質が合致《がっち》したときに梯子《はしご》がかかるのです。つまり、「お墓参《はかまい》りをする」「仏壇《ぶつだん》を前にして手を合わす」、こういう行《こう》為《い》がありますけれども、彼らが「子孫たちがそういう行為をしている」ということを知っていれば、つまり、「お彼岸《ひがん》には花を供えてくれる」とか、「お盆《ぼん》には帰ってきていい」とかいうことを彼らが知っていて、生きている人間がお盆に先祖

供養をしていれば、そこで両者の念が合致するのです。

合致するときに、ここに〝通路〟が出ます。合致しないときは、〝通路〟はできないのです。残念ながら、あの世の霊がこの世のことをさっぱり考えていなくて、この世の人が思っていても、これは合致しないのです。ところが、あの世も思って、この世も思ったときに、これが合致するのです。

そして、あの世とこの世で、天国に行っている人だったら上に梯子がかかって、地獄《じごく》に行っている人だったら、井戸《いど》の底に縄《なわ》梯子を下ろすような感じになるのです。このとき、井戸の底に先祖が堕《お》ちていた場合、縄梯子を下ろしたときに、救い上げられるか上げられないかです。これは各人の問題です。

例えば、私の先祖が迷っているとします。おじいさんでもおばあさんでもいいけれども、地獄の井戸のなかに堕ちているとして、私が仏壇で手を合わせていたらその念が届いていきますから、彼らから言えば、真っ暗なところにいると上から縄梯子がスルスルと下りてくるんですね。これはつかみたいからガチッとつかみます。

このときに、私の〝腕力《わんりょく》〟が彼らを持ち上げるだけあれば上がってくるけれども、ないとどうなるかです。私のほうが井戸のなかに堕ちるのです。そういうことなのです。ですから、先祖供養というのも、正しく悟《さと》った人がやれば彼らを救うことはできるけれども、正しく悟っていない人がやると一緒《いっしょ》に堕ちてしまうのです。

結局、彼らを悟らしめるだけの力がないにもかかわらず、「先祖供養はいいことだ」と言って、手を合わせたり拝《おが》んだりばかりしていると、地獄の霊たちは、「縄梯子が下りてきたので、これ幸い」ということでトントントントンと上がってきて、ガブッと腰《こし》に憑《つ》いてしまうのです。

そうするとどうなるかというと、リウマチになってみたり、冷え症《しょう》になってみたり、下半身不随《ふずい》になったりします。これは、「救おう」という気持ちはいいのだけれども、いかんせん、向こうのほうが力が強いので、井戸のなかに堕ちてしまうのです。

つまり、先祖供養の正しいやり方というのは、本当に悟った人が彼らを救おうとしてやれば、救うことができるけれども、何も悟っていない人が〝分からない漢文〟をいくら読んだって救われないのです。それは、縄梯子は確かに落としているのです。落としているけれども、彼らを上に引き上げるだけの力がないのです。

お坊《ぼう》さんでもそうです。悟っているお坊さんがお経《きょう》を読めば、つまり、お経の内容、『般若心経《はんにゃしんぎょう》』の内容をよく知っていて、それをあげていれば、その念波《ねんぱ》というのは通じるから、念は通じるから、彼らはそれで功徳《くどく》を得ることができるのです。ある程度、心が安らぐ。

けれども、スクーターに乗って〝お金集め〟ばかりしている人がいくらやったとしても、何も届かないのです。救うこともできないのです。そのうち、お坊さんの家族にいろいろな悪霊《あくれい》が取り憑いてしまって、一家に不幸が起きるのがオチなのです。

こういうふうに、「あの世の霊を救いたい」という気持ちは大事なのだけれども、自分の力というものを知らなければいけません。

イエス・キリストでも、サタンを成仏《じょうぶつ》はさせられなかった

私も普通《ふつう》の地獄霊はもちろん諭《さと》せるし、救えます。ただ、〝頑張《がんば》る人〟は成仏《じょうぶつ》するまで一時間、二時間と頑張ります。「これをいったい何人やれば地獄がなくなるのか」と考えてみると、地獄でも何億、何十億の人がいますから、これらの人たちを全部は救えないのです。原則は、やはり自分の問題なのです。

また、地獄の霊といっても、もっと強いサタン、何千年も地獄にいるような人たちになると、光を入れても入れても、ブラックホールのように吸い込《こ》んでいくんですね。浮上《ふじょう》してくることがないのです。いくら光を与《あた》えても与えても吸い込んでいくのです。明るくならないのです。ものすごいマイナスです。〝負の球体〟です。

こういうことがありますから、何も知らずに先祖供養をすることは非常に危険なのです。本当に真理を悟って、彼らを救うことができる力を持って、悟りの力を持って供養するのは結構です。ただ、なかなかそこまでは行かないのです。行かない人は、井戸にはあまり縄梯子を下ろさないことです。

悪がもっと増えてくるのです。苦しみがもっと増えてきます。地獄の人たちは地獄で苦しんでいるけれども、地上の人たちまで苦しめていいということではないのです。彼らは、そんなことはしてはいけないのです。やらせてはならないのです。

そういうことをすることによって、彼らはますます、長いこと、もっと苦しむのです。生きている人に憑いて事故を起こしたり病気にしたりしたら、彼らはますます罪をつくって地獄から出られないのです。比重が重くなっていくのです。もっと深いところに堕ちていくのです。

ですから、間違った先祖供養は非常に危険です。自分が彼らを諭さしめるだけの力があれば、それはやっても結構。しかし、それも〝天狗《てんぐ》〟になってはならないということです。

イエス・キリストでも、成仏はさせられなかったということです。「サタンよ、退《しりぞ》け！」と一喝《いっかつ》しています。肉体から追い出すことはできたけれども、彼らを成仏させることは、イエス・キリストでもできなかったということなのです。

「傾向性《けいこう》」というものがあります。「慣性の法則」があります。地獄で千年、二千年いたら、その慣性の法則を断《た》ち切って逆方向に走らせるには、同じだけのエネルギーがなければ逆には向かないのです。千年も地獄に堕ちている人を天上界《てんじょうかい》に上げるためには、ものすごいエネルギー量が要《い》るのです。

ですから、先祖供養もいいけれども、イエス様でも救えない霊があったということを考えてほしいのです。弾《はじ》き飛ばしはできたけれども、救えなかったということです。成仏させられなかったということです。ましてや、凡人《ぼんじん》であればどれだけできるかということです。

真理に則《のっと》った生活をして、先祖に「反省」の機会を与《あた》えよう

いちばん危険の少ない方法は、私たちが真理を悟って、日々、真理に則《のっと》った明るい生活をしていくことです。

先祖たちは、私たちの姿を見ているのです。そして、私たちが心清く、正しく

調和した生活をしていると、その姿を見て彼らは「反省」をしていくのです。反省は自分でやらないといけないのです。私たちの調和された姿を見て、他人を愛している姿を見て、「ああ、自分はあまり愛ということをやらなかったな」ということを考えていくのです。

ですから、子孫の役割は、「正法《しょうぼう》に則った生活を行《ぎょう》ずることによって、彼らに反省の機会を与《あた》えること」です。それを「念仏」とかそうしたもので救うのは非常に危険です。救うのは難しいのです。救えないことはありません。難しいのです。ですから、私は、そうしたことで彼らに本当の調和された姿を見せて、そして悟らしめていくことがいちばん間違いが少ないと思います。

ただ、幸福の科学の『祈願文《きがんもん》』のなかには先祖供養の経文《きょうもん》がありますから、あれを読めば、ある程度、念波は伝わっていきます。難しい漢文の言葉ではありません。分かりやすく書いてあります。

あの先祖供養の経文は、読んでいるときに、あの世の霊たちだけに伝えているのではなくて、自分自身が反省させられるはずです。自分ができていないことをよく書いてあります。

あの経文を読んでいて、「自分はこのなかの何もやっていない」と思ったら、「もしかすると、やがて自分も同じところに行くのかな」と反省していただきたいのです。

「あなたは他人に対して、いったい何をしましたか」というようなことが書いてあります。先祖を供養しているうちに、「もしかしたら、これは俺《おれ》のことを言われているのかな」と思うでしょう。そして、思い当たると、「やがては自分もあちらに行くのかな」と思うでしょう。そうした反省の意味も兼《か》ねて先祖供養の経文がありますから、あれを読むことも結構です。

ただ、真理を知れば知るほど、そうした経文をあげる力もついてくるのです。

ですから、正しい知識をまず持つことです。

地獄霊の救済については、先祖の救済については、先ほどの縄梯子の話を思い出してください。引き上げられるかどうか。それは難しいということです。引き上げられる人は引き上げてもいいけれども、そこまで行くのは並大抵《なみたいてい》ではないし、イエス様でも救えなかった霊はあったということ、これを忘れないでくださいということです。（注）

（注）現在、幸福の科学では、全国の精舎《しょうじゃ》や支部、来世幸福園《らいせこうふくえん》（霊園《れいえん》）等で先祖供養《くよう》大祭や法要《ほうよう》等を行《おこな》っており、そうした行事に参加することによって、地球神エル・カンターレの救いの御光《みひかり》が注がれるなか、高級霊界《れいかい》の指導を受けながら、導師《どうし》の下《もと》、安全なかたちで先祖供養をすることをお勧《すす》めしている。

4　葬式《そうしき》、先祖供養《くよう》、お墓《はか》の意味について

Q4

お葬式《そうしき》や先祖供養《くよう》、お墓《はか》の必要性と、供養のやり方をお訊《き》きしたいと思います。

一九八八年第一回講演会「知の原理」
一九八八年三月十三日　東京都・大田《おおた》区民会館にて

葬式やお墓は「自分の死」に気づくきっかけになる

分かりました。「葬式」「先祖供養」、それから「お墓」について、基本的な考え方をお話ししておきたいと思います。

まず、「葬式」ということですが、葬式も結局のところ、今、形骸《けいがい》化といいま

すか、形式化して、「ただかたちだけやっている」というふうになっていると思います。

しかし、それも完全に意味がないというわけではありません。

生きている人間は、霊《れい》の存在を信じる信じない、あの世の世界を信じる信じないを問わず、一生のうちに一回ぐらいは誰《だれ》かの葬式に出たことが必ずあるでしょう。ということは、「死んだら何もない」と思っていても、自分が死んだときに自分の顔（遺影《いえい》）をかけて葬式をやっていたら、「もしかしたら、自分は死んだのかな」と感づく契機《けいき》はあるわけです。きっかけがある。

こういう意味において、まったく意味がないとは言えない面があります。

「お墓」も一緒《いっしょ》ですね。お墓に自分の名前が入っていたら、「もしかしたら死んだのだろうか。あるいは生きているのだろうか」と一生懸命《いっしょうけんめい》、考えるけれども、考える材料はあります。

こういう意味で、形式というものも完全に無視はできない面はあるのです。それがあるから、みな一様に気がつくこともある。

実際、人間が死んでしばらくは、（魂《たましい》は）まだ肉体のなかにおりますし、家のなかにおります。あまり死の世界のことを知らない人は、わりあい一週間や十日、あるいは、もうちょっといる場合もあります。

そして、地上の人たちの様子を見たり、いろいろ考えをまとめたりしているのですが、そのころには、あの世から本人の守護霊《しゅごれい》あるいは指導霊たちが来て、そろそろ教え始めるのです。「ここは、この世ではないよ。この世に見えるけれども、あの世だよ」という話をするのです。

「この世ではないよ、あの世だよ」と言っても、「でも、仏壇《ぶつだん》がある」とか「台所がある」とか「畳《たたみ》がある」とか、死んだ人はいっぱい言うのです。

しかし、「あそこに布団《ふとん》がある。布団のなかにいる人を見てごらん」と言うと、自分がいるんですね。自分がいて、「あれ？　自分がいるというのはおかしいな。それを言っている自分は、いったい何だろうか」と、このへんで認識論の問題が出てきて、自分か他人《たにん》か分からなくなってくる。

こういうことで混乱するのですが、葬式などがあると、守護霊も、「あれを見ろ。あれはおまえの葬式ではないか」ということで説明しやすい。そういう点はあるだろうと思います。「おまえの葬式だ」ということで、教えやすいのです。

幸福の科学の基本理論どおりに生きていたら大往生《だいおうじょう》できる

ただ、そのやり方等については、現在、やはり若干《じゃっかん》の不満があるのは事実です。不満があるといっても、それは葬式屋さんに文句《もんく》があるわけではなく、あるいは、その値段に文句があるわけではなくて、お坊《ぼう》さんですね。こちらに問題があるというか、お坊さんのほうに葬式を出すだけの資格が、現在あるかどうかです。

ここに問題があります。〝商売〟としてはもちろんやっておられるけれども、やはり〝本当のお坊さんの資格〟というものを、もう一回、考え直す必要があるのではないかと思うのです。

僧侶《そうりょ》として、仏教学校を卒業したり、あるいは得度《とくど》したりして、いろいろと資格があるのでしょうが、やはりお坊さんというのは、もともと、「死んだ人を諭《さと》して、あの世に成仏《じょうぶつ》させる」という仕事なのです。こういう仕事をしているのであって、本当にあの世の世界について説明をして、死んだ人の心を納得《なっとく》させて、温かい気持ちで成仏させるのが仕事なのですが、現実にそれができないでいることとは大問題です。

お坊さんのなかでも、死後の世界を信じていない人もいるのです。お経《きょう》にはそう書いてあるとか、本にはそう書いてあるとかいうだけで、自分は信じていないという人はいくらでもいるのです。ただそう書いてあるというだけで、「そうかもしれないし、そうではないかもしれない」と言っている人がいます。

その意味で、お坊さんたちも、もう少し霊的体験を積む必要はあるだろうし、「どういうふうにして迷っている人たちが存在するのか」、「それをどういうふうにすれば、そういう人たちが救われていくのか」、これを知っておく必要はあるだろうと思います。

これは、実体験するとよく分かるのです。悪霊《あくれい》というのを実体験すると、なぜそうなるのかよく分かります。

幸福の科学でも、〝悪霊編〟も出さざるをえないなとは思っているのです。『これが悪霊だ』などという本でも出したら〝面白い〟かもしれません（笑）。「あなたもやがてそのようになる」と副題を付けると〝非常に面白い〟と思うのです。悪霊等は無視するのがいちばんで、高級霊のほうばかり向いていると〝影〟が見えないでいいわけなのですが、多少、悪霊の発生原因、様相、いったいどういう

ふうにしたら救われるのか、このへんのプロセスを明快に説く必要はあるなと思っています。（注）

ただ現在、私たちは〝予防医学〟の段階で、「死んでからではもう遅い。死ぬ前に生命保険をかける」ではないけれども、そういうお教えを知ってほしいということでやっているのです。

幸福の科学の基本理論どおりに生きていたら、本当にお坊さんも要《い》らないだろうと思います。あの世の世界も知っているし、人間としての生き方を知っていれば、おそらく、そのまま大往生《だいおうじょう》できるはずです。

そういうことで、お葬式には基本的に、「形式として多くの人たちに死を知らせる」という意味で、まだ意味はあることはある。しかし、本当の内容としては、もっと死後の世界についてガイダンスをしてあげるべきである。これが僧侶の仕事であるということです。

僧侶の仕事がなくていいならば、生きている人たちに多くのことを知ってもらう必要がある。「死後の世界」について、「霊の本質」について、「神の世界」について知ってもらう必要がある。そのために、〝予防医学〟として、今いろいろな法を説いているということです。

これで間に合わない人は、あとで亡《な》くなるときに、お坊さんがそういうふうにする必要があります。

幸福の科学も、そのうち「お坊さん研修」でもやらないといけないかなと思ったりもします（笑）。「全国のお坊さんを集めて夏期合宿」なんていうものをお盆のころにやったりして、「では、そろそろ呼んでみますから、これを成仏させてみてください」などと、一回、研修をやってもいいなと思ったりもするのです。

そういうことで、「お葬式には形式としては意味があるけれども、実質に多少問題があるだろう」ということです。

あの世のことをしっかり勉強した人の供養は通じる

それから、「先祖供養」でしたね。

これも何度か講演会の質疑応答のなかで言っているので、それもまた聴《き》いていただきたいと思うのですが、「先祖を供養したい」という気持ち自体はもちろん純粋《じゅんすい》なものであるし、それは悪いものではありません。それに、ご先祖のほうも、「たまには思い出してほしい」という気持ちがあることは事実です。

ただ、このときに、やはり自分自身のほうでちゃんとした真理の理解を知らないと、思わぬ不幸を呼び込《こ》むことがあるのです。

「触《さわ》らぬ神に祟《たた》りなし。拝《おが》まぬ先祖に祟りなし」で、あまり先祖供養をやっていると、迷っている人が助けてほしいと思うのはいいのですが、救うほうが救えないのです。知らないで供養だけしていると、いつまでたっても、何とかして救ってくれるのではないかと思って、その子孫《しそん》の身辺に出没《しゅつぼつ》するということがけっこうあるのです。それで、いろいろな障《さわ》りが起きることは現実上あります。

こういうときには、まず、「現在、自分にそれだけの力がない」ということを知らねばならないと思います。知らなければいけない。

やはり、もっとちゃんと知って、教師なら教える資格があって教えられるのですから、あの世のことを、もっとしっかり勉強する必要があります。

彼らは「念の世界」で生きていますから、長々と説明する必要はなくて、けっこう分かるのです。長々と説明しなくても、先祖供養をしている人がそういうことを「悟《さと》り」として、あるいは「実感」として知っていれば、その人に供養してもらうと、かなり分かる部分があるのです。

この意味において、「他人救済」よりも「自分確立」「自己確立」のほうが先なのです。

そういう分かった人が先祖供養をすると、もちろん通じていくけれども、分かっていない人がやると、それは彼ら（先祖）に三次元的ないろいろな障りの場を与《あた》えることが多いのです。そういうことで、やはり、個人で行う場合は、ほどほどにしていくほうがいいのです。

不幸の原因を先祖に帰することなく、自分自身を振《ふ》り返ってみる

そして、やはり家族を調和して、真理に基《もと》づいた立派な家庭をつくっていくことが前提だと思います。

家庭が不和であるから先祖の祟りだということで、やたらと、あっちに回りこっちに回りして先祖供養をしていると、先祖だけではなくて、関係のない浮遊《ふゆう》霊、宗教霊がいっぱいついてきて、ますます不幸になることが多くあります。

そういう現象、あるいは実体験をいろいろ見てきた結果、私は、やはり、地上

にいる人たちがまず幸せになる義務があると思うのです。地獄《じごく》に堕《お》ちた人たちも、もちろん救われたいと思うけれども、地獄に堕ちた理由は、その原因は、残された子孫にあるわけではない。これは第一前提です。

人間は自由意志を与えられていますが、「その自由意志を発揮して、その結果、どういう人生行路を生きていくかということに関して、各人が責任を取らねばならない」、そういう大方針があるのです。

そして、その「自由」というものを非常に護《まも》っているがために、神や神近き高級霊であっても、人間の心まで自由に変えたりしないのです。「しない」というルールをつくっている。それだけ重きを置いている。

その結果、人間はいろいろな間違《まちが》いを犯《おか》すことがあるけれども、それでも、「魂にとって、そのほうが長い目で見たら進歩の原理となる」ということで、自由・独立性ということを保障しているのです。

高級霊たちが思ったとおりに地上の人間の心を変えられたら、地獄に堕ちるような人はいないのですが、実際、その「自由性」というものを限りなく大切なものだと認めているために、そういうルールがあるのです。「各人は各人で解決せよ」というルールがある。これは何人《なんぴと》も変えることができないのです。

やはり、まず、やはり地上に生きている私たちが幸福になって、その幸福の思いを広げていくような気持ちであってていいと思います。

そうしないで、自分が不幸で救われたくて、不幸から逃《のが》れたくて先祖供養をする、「ご先祖の祟りで自分が不幸になっている」と、不幸から救われたくて先祖供養をしていると、どっこい、逆になります。ますます不幸になります。そういうことはいくらでもあります。

まず、外のせいにしないで、自分自身の心のなかに原因があることが多いので、自分自身を振《ふ》り返ってみる。不幸の原因を先祖に帰することなく、自分自身、考えてみる。そして、「どうすれば幸福になれるか」を考えてみて、それを実践《じっせん》することです。

このなかにおいて、先祖たちも、やはり子孫の姿を見ているわけです。迷っているとしても見ているわけであって、それで「ああ、こういうふうに生きればいいのか」ということを、彼らは悟っていくのです。

これが、やはり先祖供養の根本《こんぽん》であります。

したがって、「自分たちに不幸があるから」「家庭内に不幸があるから」と、あっちに回りこっちに回りして先祖供養したりすることは、ちょっと控《ひか》えられたほうがいい。それが私の考えです。

実際上、先祖供養ができるかといえば、できないことはありません。みなさんのご先祖で迷っている人がいたら、私が一人ひとり説得すればできるのです。ただ、そんなことをやっていたら一生がすぐ終わってしまいます。やり出したらきりのない量はありますが、やはり根本は各人に責任があるのです。

まず、生きている人は自分の内を固めなさい。自分自身をまず幸福にしなさい。そして、常々、幸福な生き方をしながら、ご先祖様のことが心をよぎったら、「おじいさん、おばあさん、あなたがたは、もしかして迷っているかもしれないけれども、人間はこういうふうに生きるのが本当なのですよ。人々に笑顔を振りまきながら生きるのが本当ですよ。親切な行為《こうい》をしながら生きるのが本当ですよ」と、こういう気持ちで生きていくといいのです。

幸福の科学の『祈願文《きがんもん》』のなかにも、先祖供養というものがあります。それも結局、先祖を供養しながら、自分自身への反省の材料、手引きとなっているはずです。

まず、供養する人自身が悟って、幸せになっていく必要があります。これはエゴイズムでも何でもないのです。それが筋《すじ》なのです。それをやらなければいけません。自分が救われたくて人を救おうとするのは、これは違っています。これは絶対にいけないのです。

お墓等のかたちを通すことも大事だが、実質を見誤ってはいけない

それから、「お墓」ですね。

「お墓が要るか要らないか」ということですが、成仏した霊でお墓にいる人は一人もいません。これは当然のことです。

では、お墓に先祖のなかで迷っている人がいるかといえば、普通《ふつう》はお墓にもいません。そこには、いろいろな浮遊霊や低級霊たちが磁場《じば》をつくって集まっていることが多いのです。お骨のなかにいるわけではないんですね。そのなかに鎮《しず》まるということはありませんが、お墓には霊的な磁場ができていて、そういう低級霊たちの集まり場になっていることは事実であります。

そういうことで、お墓のなかに先祖がいるかといったらいないのです。仏壇のなかにいるかといったらいないのです。それは、成仏している人もいないけれども、迷っている人でもいないことが多いのです。ほかのものが来ることが多いですね。ほかの浮遊霊などが来ていることが多いのです。

では、仏壇やお墓などはまったく無用なのかという考え方がありますが、これも一概《いちがい》には言えない面は、確かにあるのです。

今は、お盆《ぼん》に里帰りをしてお墓参り等をすることになっています。これも、やはり一つの習慣ではありますが、先祖を思う気持ちというのは、本当はお墓の前に立たなくても、仏壇の前に立たなくても、思っただけで通じるのです。これは、心のなかで思っただけで通じるのであって、霊的世界はそういう世界なのです。

ただ、生きている人間は、形式を通さないとなかなか実践できないことが多いのです。お墓参りをしたり、仏壇で供養したりすることによって心を集中させて、

「こういうことをしているんだ」という確認をしている場合があります。

そういう意味において、意味がないとは言えないのです。原則はなくてもいけますが、精神集中をしたり、かたちを通して実践したりするという意味において、意味がないとは言えない。ただ、それに、それほど重きを置いてはいけないわけです。

お墓の形が変わったからどうこうとか、五十万円の仏壇を百万円のものに変えたから先祖が喜ぶとか、こういうことは普通はありません。

もし、仏壇屋さんがいたらごめんなさいね。家具屋さんもごめんなさい。許してください。もし、お墓をつくっている石材店の方がいたら許してください。

しかし、事実は事実です。御影石《みかげいし》になろうが大理石になろうが、浮《う》かばれるかどうかということには関係がないのです。方角《ほうがく》も関係ないのです。全然ないのです。そんなことを言っているのは、そういうものをつてにして、何か布施《ふせ》が欲《ほ》しくて要求している霊たちです。そういうことです。

ですから、「かたちを通すことも大事であるが、実質を見誤ってはいけない」ということです。

年に一回は「先祖に対する感謝」を思い起こすことが大事

成仏した先祖たちは、もちろん、あの世で立派に生活をしているわけですが、面白《おもしろ》いのです。私もいろいろ話しているのですが、やはり、お盆というのは一つの意味があるらしいんですね。彼らにとっても意味があるらしくて、地獄に堕ちている人たちも「地獄の門が開《ひら》く」とよく言いますが、天国にいる人たちでも、お盆のころになると、やはり何か思い出すらしいのです。

地上がそういうふうになると思い出してきて、「子孫たちが思い出してくれるんじゃないかな」と、向こうも思い始めるんですね。そろそろ気がついてきて、そして、下のほうで供養などをやっていると、思いが通じるということはあります。

ですから、「年に一回ぐらいは思い出してあげる」ということは大事だろうと思います。

やはり、「感謝」です。肉体というものを、ともすれば軽視しがちでありますが、肉体先祖に対する感謝というのは大事です。両親がいて、それから、おじいさん、おばあさんがいて、現在の自分があることは事実だからです。魂においてはもちろん別ですが、肉体舟《ぶね》を頂いてこの世で修行《しゅぎょう》できるのは、そういう人たちのおかげであることも事実なので、やはり、年に一回ぐらいは、そうした感謝を思い起こすことも大事だろうと思います。

また、それだけにとどまらず、長い長い人類の系統図を見れば、五千年前も一万年前も、もっと前も、自分の先祖がいたから、現在の自分があることも事実です。そういうところまで遡《さかのぼ》って、感謝をしてあげることも大事だろうと思います。

私たちは、知らないうちにいろいろな恩を受けているのだけれども、感謝ということを忘れがちになります。そういうことで、供養ということも、それほど本質的なことではありませんが、そうした形式を通すことによって、時折、感謝の気持ちを思い出すということは、意味があると思っています。

ただ、トータルで見るならば、「まず、自分のほうをつくって、幸せにしていくことが先決ですよ」ということです。幸せになっていかなければ、そんな心でもって先祖を供養しても先祖も浮かばれません。この根本を間違ってはいけません。

また、お墓の値段と仏壇の値段によって、救われたり救われなかったりすることは、ややこの世的考えかもしれません。感謝の念をいかに込めるかが大切なんですね。これだけははっきり言っておきます。

（注）悪霊《あくれい》の発生原因や様相、対処法等については、その後、さまざまな教えを説いており、書籍《しょせき》としても発刊している。『エクソシスト入門』『悪魔《あくま》からの防衛術』『真のエクソシスト』『悪魔の嫌《きら》うこと』（いずれも幸福の科学出版刊）等参照。

5　先祖に供養《くよう》の気持ちを届けるには

Q5

以前に入っていた団体で、「先祖への食事の供養《くよう》は毎日したほうがいい」と聞いたのですが、どのようにしたらよいのでしょうか。

一九八九年　第四回講演会「究極の自己実現」
一九八九年七月八日　埼玉《さいたま》県・ソニックシティにて

先祖に感謝する心は、間違《まちが》った心ではない

先祖供養については、何度かお話しいたしました。第一回の講演会でも同じような質問が出て、先祖供養について答えていますので（本章第3節参照）、まず、それを一つ参考にしてください。それを前提として話をいたします。

先祖供養の心そのものは悪い考えではないと、私は思います。現在、自分があるのは先祖があるからです。

親があり、また祖父母があり、そのまた前の人がいて、現在の自分がある。その意味で、現在、自分が肉体舟《ぶね》を頂いて、この肉体に宿って魂修行《たましいしゅぎょう》をできるのは先祖のおかげですから、それに感謝する心が間違《まちが》った心であるはずはありません。これは人間としては当然のことかもしれません。

ただ、この先祖供養という「行為《こうい》」と、それに伴《ともな》う「結果」のところにおいては、「間違っている人が非常に多いですよ」ということをお伝えしています。「間違ったことが多いですよ」というのはなぜかというと、本当に、「先祖供養をすることによって幸福になる」というような、そういう教義を掲《かか》げているところが多いのです。「あなたが現在、不幸なのは、先祖供養をしていないからだ」「先祖さえ供養すれば幸福になるんですよ」というふうな教義を掲げているところが多くあります。

「自己責任の法則」で、先祖が迷っている責任は先祖にある

この考え方に関しては、そういう考えも、もちろんできるわけですけれども、二点ほど問題があると私は思っています。

第一前提として、先祖を供養する場合、天国に行っている人を供養する必要は原則ありません。「供養する」という以上は、「迷っている」ということが前提だろうと思います。

そこで、「先祖が迷っているということの責任は、いったいどこにあるのか」という考え方があるんですね。それは子孫《しそん》の責任ではないのです。はっきりしているのです。この地上における人生の責任は、各人のものなのです。

例えば、「一生、間違った行いをずっとし続ける」ということはどういうこと

かというと、お金で言えば「借金をつくり続ける」ということです。

そして、「死ぬ」ということは、「借金を〝閉める〟」ということです。「ここで地上の活動が終わって、莫大《ばくだい》な借金が残りました。この借金はどうしたらいいか」ということです。

そのときに、「他人《たにん》が払《はら》ってくれたら、これがなくなる」という考えで本当にいいのかということですが、あくまでも、やはり、「各人、つくった人がその借金を返さなければ、本当は負債《ふさい》を払ったとは言えないのですよ」という考えがあるのです。「自己責任の原則」なのです。

「自由」が保障されている理由は、「責任」が伴うからなのです。

「無責任の自由」だったら困るでしょう。あなたには自由が与《あた》えられているからということで、あなたに包丁《ほうちょう》一本をあげて「二千五百人を自由にしていい」ということになったら、大変なことになってしまいます。

「その自由には責任が必ず伴う。あなたが勝手なことをしたら、必ず責任が伴う。そして、それなりの反作用を受ける」と、こうなっています。自由の結果には責任があるわけです。

そのように、先祖が迷っていたとしても、根本《こんぽん》は、やはり各人に自分の迷いについての責任はあるということです。

それを間違えて、「子孫がちゃんと祀《まつ》らんから、わしは迷っとるんだ」というふうに、もし言ってくる先祖がいたら、それは心得違《こころえちが》いをしているのです。

「おまえたちが仏壇《ぶつだん》をちゃんとしないから、わしは迷っとるのだ。おまえたちがちゃんとしたお墓《はか》をつくらんのが間違っとるんだ。おまえたちが三十万円ぐらいの安い仏壇しかつくらないから、わしは成仏《じょうぶつ》せんのだ。五百万円ぐらいの高いのにしたら成仏するのだ」と、もしこんなことを先祖が言っているとしたら、とんでもない先祖であります。こういう先祖に対しては、やはり厳しく諭《さと》さなければばなりません。「あなたが現在迷っている理由は、あなたが生きているときにつくった、その間違いのためなのです」ということを教えなければいけないのです。自分がつくった間違いは、自分自身が反省しないかぎり除かれないのです。子孫が反省しても、先祖の間違いは除かれないのです。やはり、その人自身が反省しなければいけません。

遺《のこ》された者たちが、心を調和して正しく生きることが大事

そういう意味で、「ご先祖が迷っているから、こうしなければいけない」というのは、ちょっと違っています。むしろ、教えてあげるなら、その心の間違いを教えてあげなければいけないのです。

何が違っていたか。子孫の目から見て、「うちのお父さん、お母さん、あるいはおじいさん、おばあさんのどこが間違っていたのか」、これを教えてあげられ

るなら、仏壇で言ってあげるもよしです。

ただ、仏壇で言わなくても彼らには分かります。寝室《しんしつ》でも応接間でも、どこでも一緒《いっしょ》なのです。霊界《れいかい》は自由自在ですから、彼らのことを思い浮《う》かべて、そして、「あなたのここが違っていますよ」と思ってやれば伝わるのです。「反省しなければいけない」と、こういうことを言うわけです。

ただ、本当は、その先祖の人がどういう生き方をしたかは分からないでしょう。遺《のこ》された人には分かりません。

それゆえに、一般《いっぱん》的なやり方としては、彼らは子孫のところへ来ていろいろ見ているわけですから、先祖供養をするよりも、「調和された生活とは、正しい生活とは何か」ということを教えてあげることです。お手本を見せてあげないと分からないのです。

ゆえに、生きている人が真理に則《のっと》った生活をするということは、極《きわ》めて大事なのです。

迷った先祖たちは必ず来ていますから、生きている子孫が真理に則った生活をしていると、その生き方を見ます。孫なら孫の生き方を見ます。そして、孫が正しく生きているのを見たら、「ああ、こういうところが自分と違うな」ということがよく分かるのです。そこで初めて、「反省」というものが生まれてくるんですね。

ですから、いちばん危険性の少ない先祖供養は、「遺された者たちが、心が調和されて正しく生きること」なのです。これによって、初めて彼らが救われていくのです。これが前提です。

あなたが悟《さと》りを開けば開くほど、供養の気持ちは深く届く

第二段階としては、もちろん、悟《さと》りの程度によって彼らを救っていくことはで

きます。あなたが悟りを開けば開くほど、その説得力が増せば増すほど、彼らに対する供養の気持ちというのは深く届いていきます。

ただ、その前提としては、やはり、あくまでも自《みずか》らが自分の心を正していかねばならないのです。自らが〝真っ黒〞、すなわち地獄《じごく》の心を持っていては、地獄霊を諭すことはできないのです。救えないのです。

まず、自らが光らなければいけません。「阿羅漢《あらかん》」と言っていますけれども、後光《ごこう》が出る段階ですね。反省して心の調和が取れた人には後光が出てきます。

後光が出る段階まで来ると、迷っている人たちを諭しても、言葉に力が出てきます。彼らには伝わっていくのです。光を与えることができるようになってくるのです。

ですから、私は幸福の科学の会員には、「まず、この後光が出る段階、心の曇《くも》りを取って後光が出てくる段階、阿羅漢の段階を目指してください」と言っているのです。これを「自己確立」といいます。

この自己確立ができると、ある程度、人を引き上げるようになっていけるのです。「そこまでは、まずやりなさい。自分をつくるほうが大事ですよ。人を引き上げるのは、それからあとですよ」ということを言っています。

この点、人のせい、環境《かんきょう》のせいにする傾向《けいこう》性が、ご先祖のせいだけにする宗教に集約されると、場合によっては、「悪霊《あくれい》の再生産工場」としての宗教になることもありえると知っておいたほうがよいでしょう。あくまでも生きている人も修行して、余徳としての「光」を手向《たむ》けることが大切です。

いろいろと申し上げましたが、以上とします。

あとがき

霊的な側面から観《み》た、夫婦・親子問題などには珍《めずら》しい印象を持たれた方もあろう。

人生勉強のため、様々な課題をかかえつつ、夫婦となり親子となる人も多い。それゆえ、すべての家庭が成功するようには予定されていない。

しかし、人間として成長するためには、人生を一冊の問題集と考え、一問一問解いていくことが大事である。

失敗もまた人生の教訓を生み、深い人生観を与えてくれるものだ。人生には、希望実現を願う側面と、反省・感謝を必要とする側面とがある。誰しもが、いつかはこの世を去らねばならない。その時、「心」しかもって還《かえ》れないのだ。実在界に帰る日を想いつつ、日々を生きよ。一日を生き切れ。

二〇二一年　一月三十一日

幸福《こうふく》の科学《かがく》グループ創始者兼総裁《そうししゃけんそうさい》　大川隆法《おおかわりゅうほう》

『エル・カンターレ 人生の疑問・悩みに答える　幸せな家庭をつくるために』関連書籍

『太陽の法』（大川隆法 著　幸福の科学出版刊）
『永遠の法』（同右）
『無限の愛とは何か』（同右）
『人生の王道を語る』（同右）
『しあわせってなあに』（同右）

※左記は書店では取り扱っておりません。最寄りの精舎・支部・拠点までお問い合わせください。
『大川隆法霊言全集 第14巻 紫式部の霊言／ナイチンゲールの霊言
／ヘレン・ケラーの霊言』（大川隆法 著　宗教法人幸福の科学刊）
『くさぶえのね』（同右）

エル・カンターレ 人生《じんせい》の疑問《ぎもん》・悩《なや》みに答《こた》える
幸《しあわ》せな家庭《かてい》をつくるために

2021年 3 月 1 日　初版第 1 刷
2023年 8 月28日　　　第 3 刷

著 者　大《おお》 川《かわ》 隆《りゅう》 法《ほう》

発行所　幸福の科学出版株式会社
〒107-0052 東京都港区赤坂 2 丁目 10 番 8 号
TEL(03)5573-7700
https://www.irhpress.co.jp/

印刷・製本　株式会社 堀内印刷所

落丁・乱丁本はおとりかえいたします

ISBN978-4-8233-0247-3 C0030
カバー，帯 COLOR PHOTO / Shutterstock.com
装丁・イラスト・写真（上記・パブリックドメインを除く）© 幸福の科学

大川隆法ベストセラーズ・幸せな家庭をつくるために

幸福へのヒント

光り輝く家庭をつくるには

家庭の幸福にかかわる具体的なテーマについて、人生の指針を明快に示した、珠玉の質疑応答集。著者、自選、自薦、自信の一書。

1,650円

凡事徹底と独身生活・結婚生活

仕事力を高める「ライフスタイル」の選択

大反響の「凡事徹底」シリーズ。お金、時間、人間関係──。独身でも結婚でも、どちらの生き方でも成功するための知的ライフスタイルとは。

1,650円

凡事徹底と人生問題の克服

悟り・実務・家族の諸問題について

仕事、人間関係、家庭などの「人生の諸問題」を乗り越え、逆境の時にこそ強くなる「現代の悟り」が説かれた一冊。

1,650円

「幸福になれない」症候群

グッドバイ ネクラ人生

自分ではそうと知らずに不幸を愛している──こうした人々を28の症例に分け、幸福への処方箋を詳細に説いた“運命改善講座”。

1,650円

※表示価格は税込10%です。

大川隆法ベストセラーズ・霊的世界の真実を知る

永遠の法

エル・カンターレの世界観

すべての人が死後に旅立つ、あの世の世界。天国と地獄をはじめ、その様子を明確に解き明かした、霊界ガイドブックの決定版。

2,200円

復活の法

未来を、この手に

死後の世界を豊富な具体例で明らかにし、天国に還るための生き方を説く。ガンや生活習慣病、ぼけを防ぐ、心と体の健康法も示される。

1,980円

霊的世界のほんとうの話。

スピリチュアル幸福生活

36問のQ＆A形式で、目に見えない霊界の世界、守護霊、仏や神の存在などの秘密を解き明かすスピリチュアル・ガイドブック。

1,540円

正しい供養　まちがった供養

愛するひとを天国に導く方法

「戒名」「自然葬」など、間違いの多い現代の先祖供養には要注意！　死後のさまざまな実例を紹介しつつ、故人も子孫も幸福になるための供養を解説。

1,650円

『ともだちと なかよくあそぼう』

原作 大川隆法　絵本監修 大川紫央

ある日、お友達とケンカをしてしまったあいちゃん。その日の夜に見た不思議な夢には、見知らぬ子どもたちがいっぱい！友達と仲良くなる秘訣が分かる絵本。

1,650円

『うそをつかない 子になろう』

原作 大川隆法　絵本監修 大川紫央

アメをこっそり食べてしまったひかるくん。ところが、お母さんに「ぼくは食べてない」と、うそをついてしまう。

真っすぐで素直な心を育む絵本。

1,650円

『おいのりのたいせつさ』

原作 大川隆法　絵本監修 大川紫央

お父さんとお母さんから「お祈り」を教えてもらったあきらくん。ある日、幼稚園でお友達にケガをさせてしまい……。

神様に応援される人になれる絵本。

1,650円

※表示価格は税込10%です。

大川隆法シリーズ　親子で読みたい

『しあわせってなあに』第１巻～第４巻

お子さまの心の成長にとって大切なことが、
やさしくわかりやすく学べる絵本。【各1,320円】

第１巻

第１話
明るく生きること
第２話
やさしく生きること

第２巻

第３話
心おだやかに
生きること
第４話
目上の人を
尊敬すること

第３巻

第５話
よく勉強すること
第６話
日々工夫すること

第４巻

第７話
感謝をすること
第８話
神さまを信じること

「エンゼル精舎のうた」絵本シリーズ

詳細は
コチラ

「エンゼル精舎のうた」の歌詞をもとに制作した、
人気絵本シリーズです。

『四季のうた』

990円

『冬のうた』大川紫央 著

990円

ほかにもたくさん♪
「エンゼル精舎のうた」

幸福の科学出版

大川紫央シリーズ　心がすくすく育つ絵本

「パンダルンダ」シリーズ

読み聞かせ３歳～
自分で読む６歳～

第８話
ちいさなミラクルそんちょう
パンダルンダ別巻
ミラクルそんちょうのひみつ

第８話

1,540円

別巻

1,650円

第１話

1,320円

第２話

1,430円

第３話

1,430円

第４話

1,540円

第５話

1,980円

第６話

1,540円

第７話

1,540円

別巻

1,760円

第１話 パンダちゃんのはじまりのおはなし
第２話 パンダちゃんともりのおともだち
第３話 パンダちゃんとミラクルそんちょう
第４話 パンダちゃんとおれたクレヨン
第５話 ミラクルそんちょうのおたんじょうび
第６話 パンダちゃんとモンちゃん
第７話 パンダちゃんとひろいうちゅう
別　巻 ミラクルそんちょうのおはなし
～くものいと～
企画・原案 大川隆法
作 大川紫央（再話）
（原作：芥川龍之介）

※表示価格は税込10%です。

大川隆法ベストセラーズ・幸福に生きるヒントをあなたに

初期
質疑応答
シリーズ
第1～7弾!

【各 1,760 円】

「エル・カンターレ 人生の疑問・悩みに答える」シリーズ

幸福の科学の初期の講演会やセミナー、研修会等での質疑応答を書籍化。一人ひとりを救済する人生論や心の教えを、人生問題のテーマ別に取りまとめたＱＡシリーズ。

1 人生をどう生きるか
3 病気・健康問題へのヒント
4 人間力を高める心の磨き方
5 発展・繁栄を実現する指針
6 霊現象・霊障への対処法
7 地球・宇宙・霊界の真実

1

3

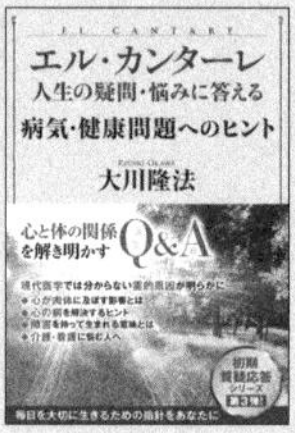

4

5

6

7

※表示価格は税込10％です。

大川隆法ベストセラーズ・人生の目的と使命を知る

「大川隆法　初期重要講演集 ベストセレクション」シリーズ

初期講演集シリーズ
第1～7弾！

【各 1,980 円】

幸福の科学初期の情熱的な講演を取りまとめた講演集シリーズ。幸福の科学の目的と使命を世に問い、伝道の情熱や精神を体現した救世の獅子吼《ししく》がここに。

1. 幸福の科学とは何か
2. 人間完成への道
3. 情熱からの出発
4. 人生の再建
5. 勝利の宣言
6. 悟りに到る道
7. 許す愛

1

2

3

4

5

6

7
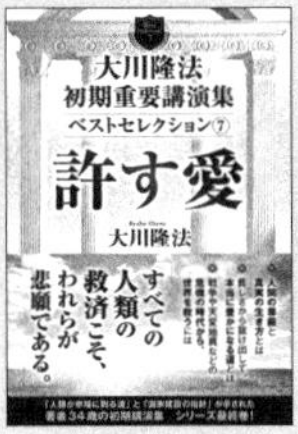

幸福の科学グループのご案内

宗教、教育、政治、出版などの活動を通じて、地球的ユートピアの実現を目指しています。

幸福の科学

一九八六年に立宗。信仰の対象は、地球系霊団の最高大霊、主エル・カンターレ。世界百六十九カ国以上の国々に信者を持ち、全人類救済という尊い使命のもと、信者は、「愛」と「悟り」と「ユートピア建設」の教えの実践、伝道に励んでいます。

（二〇二三年八月現在）

愛

幸福の科学の「愛」とは、与える愛です。これは、仏教の慈悲《じひ》や布施《ふせ》の精神と同じことです。信者は、仏法真理をお伝えすることを通して、多くの方に幸福な人生を送っていただくための活動に励んでいます。

悟り

「悟り」とは、自らが仏の子であることを知るということです。教学《きょうがく》や精神統一によって心を磨き、智慧《ちえ》を得て悩みを解決すると共に、天使・菩薩《ぼさつ》の境地を目指し、より多くの人を救える力を身につけていきます。

ユートピア建設

私たち人間は、地上に理想世界を建設するという尊い使命を持って生まれてきています。社会の悪を押しとどめ、善を推し進めるために、信者はさまざまな活動に積極的に参加しています。

海外支援・災害支援

幸福の科学のネットワークを駆使し、世界中で被災地復興や教育の支援をしています。

毎年２万人以上の方の自殺を減らすため、全国各地でキャンペーンを展開しています。

公式サイト **withyou-hs.net**

自殺防止相談窓口

受付時間　火～土:10～18時（祝日を含む）

TEL **03-5573-7707**　メール **withyou-hs@happy-science.org**

視覚障害や聴覚障害、肢体不自由の方々と点訳・音訳・要約筆記・字幕作成・手話通訳等の各種ボランティアが手を携えて、真理の学習や集い、ボランティア養成等、様々な活動を行っています。

公式サイト **helen-hs.net**

入会のご案内

幸福の科学では、大川隆法総裁が説く仏法真理《ぶっぽうしんり》をもとに、「どうすれば幸福になれるのか、また、他の人を幸福にできるのか」を学び、実践しています。

入会

仏法真理を学んでみたい方へ

大川隆法総裁の教えを信じ、学ぼうとする方なら、どなたでも入会できます。入会された方には、『入会版「正心法語《しょうしんほうご》」』が授与されます。
入会ご希望の方はネットからも入会申し込みができます。
happy-science.jp/joinus

三帰《さんき》誓願《せいがん》

信仰をさらに深めたい方へ

仏弟子としてさらに信仰を深めたい方は、仏《ぶっ》・法《ぽう》・僧《そう》の三宝《さんぼう》への帰依を誓う「三帰誓願式」を受けることができます。三帰誓願者には、『仏説・正心法語』『祈願文《きがんもん》①』『祈願文②』『エル・カンターレへの祈り』が授与されます。

幸福の科学 サービスセンター
TEL 03-5793-1727（受付時間／火～金:10～20時　土・日祝:10～18時（月曜を除く））

幸福の科学 公式サイト
happy-science.jp

仏法真理塾

サクセスNo.1

未来の菩薩を育て、仏国土ユートピアを目指す！

「サクセスNo.1」のねらいには、「仏法真理と子どもの教育面での成長とを一体化させる」ということが根本にあるのです。

大川隆法総裁　御法話「『サクセスNo.1』の精神」より

仏法真理塾「サクセスNo.1」とは

宗教法人幸福の科学による信仰教育の機関です。信仰教育・徳育にウエイトを置きつつ、将来、社会人として活躍するための学力養成にも力を注いでいます。

サクセスNo.1 東京本校
（戸越精舎内）

TEL 03-5750-0751（東京本校）

信仰教育が育む健全な心

御法話拝聴や祈願、子ども向け冊子の学習会などを通して、仏の子としての「正しい心」を学びます。

学業修行で学力を伸ばす

忍耐力や集中力、克己心を磨き、努力によって道を拓く喜びを体得します。

法友との交流で友情を築く

塾生同士の交流も活発です。お互いに信仰の価値観を共有するなかで、深い友情が育まれます。

「エンゼルプランV」

0歳〜未就学児を対象に、信仰に基づく豊かな情操教育を行う幼児教育機関です。仏法真理の絵本や歌などを通して信仰教育を行い、一人ひとりの個性を伸ばし、豊かな情操を育みます。東京本校をはじめ、全国各地の支部で開催しています。

TEL **03-5750-0757**
FAX **03-5750-0767**
メール **angel-plan-v@kofuku-no-kagaku.or.jp**

「エンゼル精舎」

エンゼル精舎は、乳幼児を対象とした幸福の科学の託児型の宗教教育施設です。神様への信仰と「四正道」を土台に、子供たちの個性を育みます。
（※参拝施設ではありません）

「ユー・アー・エンゼル!（あなたは天使！）運動」

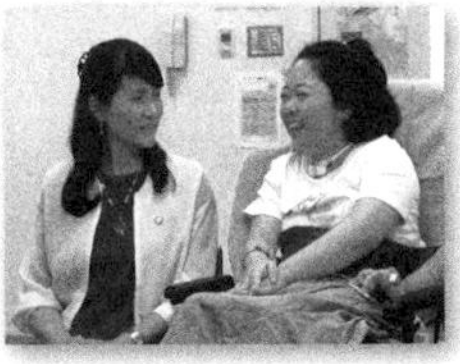

障害児の不安や悩みに取り組み、ご両親を励まし、勇気づける、障害児支援のボランティア運動です。学生や経験豊富なボランティアを中心に、全国各地で、集いや各種イベントを行っています。保護者向けには、交流会や、講演・セミナー・子育て相談を行っています。

一般社団法人 ユー・アー・エンゼル
TEL **03-6426-7797**
FAX **03-5750-0734**
メール **you.are.angel.japan@gmail.com**

不登校児支援スクール「ネバー・マインド」

幸福の科学グループの不登校児支援スクールです。「信仰教育」と「学業修行」を柱に、合宿をはじめとするさまざまなプログラムで、再登校へのチャレンジと、生活リズムの改善、心の通う仲間づくりを応援します。

TEL **03-5750-1741**
FAX **03-5750-0734**
メール **nevermind@happy-science.org**

幸福の科学学園
中学校・高等学校（那須本校）

幸福の科学学園（那須本校）は、幸福の科学の教育理念のもとにつくられた、男女共学、全寮制の中学校・高等学校です。自由闊達な校風のもと、「高度な知性」と「徳育」を融合させ、社会に貢献するリーダーの養成を目指しており、2020年4月に開校10周年を迎えました。

〒329-3434
栃木県那須郡那須町梁瀬 487-1
TEL.0287-75-7777
FAX.0287-75-7779
[公式サイト]
happy-science.ac.jp
[お問い合わせ]
info-js@happy-science.ac.jp

幸福の科学学園
関西中学校・高等学校（関西校）

美しい琵琶湖の西岸に建つ幸福の科学学園（関西校）は、男女共学、通学も入寮も可能な中学校・高等学校です。発展・繁栄を校風とし、宗教教育や企業家教育を通して、未来の世界に責任を持つ「世界のリーダー」を輩出することを目指しており、2023年4月に開校10周年を迎えました。

〒520-0248
滋賀県大津市仰木の里東2-16-1
TEL.077-573-7774
FAX.077-573-7775
[公式サイト]
kansai.happy-science.ac.jp
[お問い合わせ]
info-kansai@happy-science.ac.jp

幸福結婚相談所

幸福結婚相談所は、真実の人生観をもとにした自分探しと、幸福結婚・家庭ユートピアづくりをサポートしています。入会された方は、個別相談のほか、全国の幸福の科学の精舎で定期的に開催される「精舎修行＆交流会」等に参加できます。みなさまの魂の成長と幸福な出会いを応援しています。

幸福結婚の会

初婚、再婚にかかわらず、男性25歳以上（経済的に独立している方）、女性20歳以上の幸福の科学の信者の方で、幸福結婚を心から望んでおられる方でしたらどなたでも入会いただけます。

幸福結婚家族の会

未婚のお子様（家族）を持つ親（家族）の具体的な相談窓口として、「子供（家族）が結婚を考えない、結婚ができない」という悩みの解決に向けて、親子関係や結婚に対する考え方、人生問題へのアドバイスなどを行っています。未婚の家族を持つ幸福の科学の信者の方は、どなたでも入会いただけます。

【お問い合わせ】（東京本所）

TEL 03-5962-7770

FAX 03-5962-7771

メール happy-marriage@happy-science.org

公式サイト happy-science.jp/activities/group/happy-wedding

百歳まで生きる会～いくつになっても生涯現役～

「百歳まで生きる会」は、生涯現役人生を掲げ、友達づくり、生きがいづくりを通じ、一人ひとりの幸福と、世界のユートピア化のために、全国各地で友達の輪を広げ、地域や社会に幸福を広げていく活動を続けているシニア層（55歳以上）の集まりです。

【サービスセンター】TEL 03-5793-1727

シニア・プラン21

「百歳まで生きる会」の研修部門として、心を見つめ、新しき人生の再出発、社会貢献を目指し、セミナー等を開催しています。

【サービスセンター】TEL 03-5793-1727

大川隆法　講演会のご案内

大川隆法総裁の講演会が全国各地で開催されています。講演のなかでは、毎回、「世界教師」としての立場から、幸福な人生を生きるための心の教えをはじめ、世界各地で起きている宗教対立、紛争、国際政治や経済といった時事問題に対する指針など、日本と世界がさらなる繁栄の未来を実現するための道筋が示されています。

2022年7月7日 さいたまスーパーアリーナ
「甘い人生観の打破」

2019年7月5日 福岡国際センター
「人生に自信を持て」

2019年10月6日 ザ ウェスティン ハーバー キャッスル トロント（カナダ）
「The Reason We Are Here」

2011年3月6日 カラチャクラ広場（インド）
「The Real Buddha and New Hope」

2019年3月3日 グランド ハイアット 台北（台湾）
「愛は憎しみを超えて」

講演会には、どなたでもご参加いただけます。
新の講演会の開催情報はこちらへ。 ⟹ 大川隆法総裁公式サイト https://ryuho-okawa.org